Lisa Schwarz

Glücksorte in und um Coburg

Fahr hin & werd glücklich

Dieses

Glücksbuch

ist für

Liebe Glücksuchende,

ein Mistelzweig, der Verliebten einen Kuss entlockt.
Ein Mini-Abenteuer in der Natur.
In einem kleinen Laden das gewisse Etwas finden.
Den Gaumen von lokalen Raffinessen kitzeln lassen.
Im Baumwipfelpfad vom Alltag entspannen.
Einen pittoresken Marktplatz entdecken.
Im Riesensaal die blaublütige Vergangenheit spüren.
Im Museum auf Entdeckungsreise gehen.
Einzigartige Details, bei denen der Auslöser der Kamera nicht stillsteht.
Was bedeutet Glück für dich?

Es sind die Geschichten, die den Charme der historischen, hippen, kulturellen, kulinarischen, lauten oder leisen Orte ausmachen – und die besondere Stimmung: Die wollte ich einfangen, um die Leserinnen und Leser auf eine überraschende Reise in meine oberfränkische Heimat einzustimmen. Übrigens habe ich diese selbst wieder intensiver kennengelernt, quasi als Einheimische mit der erfrischenden, neuen Perspektive einer Touristin. Und um sich davon auch sprichwörtlich ein Bild machen zu können, war mein Freund Helmut als Fotograf immer an meiner Seite.

Ich wünsche viel Spaß bei den 80 Alltagsabenteuern und bin mir sicher, dass jede und jeder den ganz persönlichen Glücksort finden wird, ja vielleicht sogar mehr als nur einen.

Eure Lisa Schwarz

Deine Glücksorte ...

… noch mehr Glück für dich

"Glück"

Dufter Glücksort

1 Kleine Pause im Rosengarten

Diesen Glücksort riecht man zuerst. Schon beim Betreten des Rosengartens strömt einem der charakteristische intensive Duft entgegen. Steckt man seine Nase dann direkt in eine der farbenprächtigen Rosen, weiß man, warum diese Blume oftmals betörend genannt wird. Grün, rot, rosa, orange und gelb: Die Laubengänge und Beete sind dicht mit Grünpflanzen und verschiedenfarbigen Rosen bewachsen. Am besten sucht man sich einen Platz mittendrin – auf den Bänken in kleinen Nischen lässt sich die Pracht in Ruhe bestaunen und (be-)riechen: ein wirklich dufter Rückzugsort. Wie der Name vermuten lässt, dreht sich hier vieles um die Rose und das schon seit 1929. Damals entstand aus der vorherigen Zollbauernwiese das Gelände zur Deutschen Rosenschau, die hier anlässlich der 100-Jahr-Feier des Gartenbauvereins Coburg stattfand. Als 1960 das Kongresshaus gebaut wurde, das mit seiner verglasten Fassade den Eingang bildet, mussten jedoch viele Nischen einer offenen Fläche weichen. Seinen heutigen Charme erhielt der Rosengarten mit seiner erneuten Umgestaltung in den 80ern. Im Fokus: eine Mischung aus Rückzugsmöglichkeiten und offenen Flächen, die Präsentation von mehr als 72 Rosenarten und möglichst viel Natürlichkeit.

TIPP

Im Sommer beliebt: das Klassik-Open-Air Konzert des Philharmonischen Orchesters des Landestheaters.

Die Rosen sind heute noch der Mittelpunkt, doch auch andere Blumenarten verleihen dieser kleinen Oase ihren besonderen Charakter. Anfang Juni blühen beispielsweise die prächtigen Kastanienbäume rund um den Rosengarten und der faszinierende Blauregen am Blumenspalier, jener Regen, durch den man im Sommer gerne spaziert. Apropos Sommer – Abkühlung findet man unter dem gigantischen Blätterdach in der Mitte des Rosengartens und im kühlen Nass des Sintflutbrunnens, einem Geschenk der Coburger Bürger an ihren damaligen Herzog Carl Eduard. Er spendet Erfrischung und ist zugleich erholsames Hintergrundgeräusch. Bei Jung und Alt als „Pause für zwischendurch“ beliebt, ist der Rosengarten somit ein echter Wohlfühlort.

● Rosengarten Coburg, Alexandrinenstraße 9–10, 96450 Coburg
● ÖPNV: Bus 1, 6/66, 10, 400, Haltestelle Kongresshaus

Royale Bilderbuchromantik

2 Innenhof und Rosengarten: Schloss Callenberg

Solche Schlösser gibt es in Filmen und Märchen — oder auf dem Callenberg bei Coburg. Das Schloss ist eine historische herzogliche Sommerresidenz, wie man sie sich nicht schöner vorstellen könnte. Bei einem Besuch reiht man sich in eine beeindruckende Gästeliste ein, auf der sich auch Queen Victoria von England befindet, die in ihr Tagebuch schrieb: „Ein wenig steil, der Weg zum Schloss Callenberg, aber dort erwartet mich ein guter Tee in einer herrlichen Umgebung.“ Bereits seit Jahrhunderten befindet sich das Schloss im Besitz der herzoglichen Familie von Sachsen-Coburg und Gotha. Sie kümmert sich um die denkmalgerechte Erhaltung und verknüpft dabei die Vergangenheit mit der Gegenwart. Diplomatie und geschickte Heiratspolitik machte die Familie zu einer der bedeutendsten europäischen Herrscherdynastien. Neun Kinder, 43 Enkelkinder: Prinz Albert von Sachsen-Coburg und Gotha und seine Frau Queen Victoria von England sorgten dafür, dass die dynastischen Linien von Großbritannien und Coburg erhalten blieben. Die meisten der engen Verwandtschaftsbeziehungen in fast alle Königshäuser sowie die Regentschaften des Hauses Sachsen-Coburg und Gotha in Belgien, Portugal, Bulgarien und Großbritannien gehen darauf zurück. Viel Geschichte und architektonische Schönheit verkörpern die altehrwürdigen Gemäuer im neugotischen Stil. Ein Highlight: die gebogene Steintreppe zum Rosengarten. Strahlt der Innenhof bereits romantisches Flair aus, ist der Rosengarten ein Musterbeispiel an Perfektionismus. Was für ein zauberhafter Glücksort: Symmetrische Blumenbeete, akkurat geschnittene Buchsbäume und verspielte Statuen sowie ein Springbrunnen, der der Bilderbuchromantik das i-Tüpfelchen verleiht. Der Blick geht zur Schlosskapelle als weiteres Schmuckstück und zum Schloss, in dem sich unter anderem der Kunstbesitz der Stiftung der herzoglichen Familie befindet. Hier wandelt man auf blaublütiger Geschichte, die sich nicht zuletzt in der atemberaubenden Architektur widerspiegelt.

TIPP

Von der Außenterrasse neben Schloss Callenberg hat man einen wunderschönen Veste-Blick.

● Schloss Callenberg, Callenberg 1, 96450 Coburg, Tel. (0 95 61) 5 51 50
www.schloss-callenberg.com

Gelungene Handschrift

3

1627 – Bar & Restaurant

Die fast bodentiefen Fenster geben bereits einen vielversprechenden Blick frei: auf weiß gestrichenes Mauerwerk, Holzbalken an der Decke, eine Bar mit schwarzen Hängeleuchten, eine alte Küchenwaage und Fliesen, die vom Urlaub in Portugal träumen lassen. Erster Hingucker beim Betreten des 1627: die moderne Lampe im Eingangsbereich – eines von vielen der geschmackvollen und zeitlosen Details. Sie ergeben ein gelungenes Zusammenspiel aus Geschichte und Moderne. Innenarchitektin Andrea Lindner und Gastronom Louis Sommer haben das 1627 mit ihrem kleinen Team in nur acht Monaten liebevoll saniert, dem Haus eine lockere, einladende Atmosphäre verliehen und ihm gleichzeitig neues kulinarisches Leben eingehaucht. Man trifft sich hier zum Dinner zu zweit oder mit der Familie, zum entspannten Weinabend mit Freunden oder mal eben auf einen starken Espresso. Genuss wurde im ehemaligen Versorgungshaus der Ehrenburg schon immer großgeschrieben, sein Name ist eine Hommage an die Geschichte des Gebäudes, die bis ins Jahr 1627 zurückgeht. Was von damals geblieben ist: Ein verborgener Lichthof, der als gewisses Etwas für eine natürliche Beleuchtung sorgt. Transparenz ist auch das Motto der Küche: Sie ist durch Fenster offen in den Raum integriert, sodass Gäste beim Schnippeln, Brutzeln und Anrichten der hochwertigen Produkte zuschauen können, die teilweise aus dem eigenen Garten geerntet werden. Die kleine, feine Speisekarte mit raffinierten Panini-Kombinationen oder marinierten und schonend gegarten Spareribs wechselt alle zwei Wochen und überzeugt mit saisonalen Kreationen, die die moderne Handschrift der Küche tragen. Die Getränkespezialitäten kommen meist aus kleinen Manufakturen, präsentiert werden sie auf dem selbst gebauten Wandregal aus Holz, das aus einem Baum von Andreas Uroma stammt. Auch die Theke und die Tische wurden daraus gezimmert. Diese Stücke mit Geschichte fügen sich perfekt in das gelungene Konzept des 1627 ein, das ihm seinen einzigartigen Charme verleiht.

TIPP

Das 1627-Gefühl mit einer der Getränke-Spezialitäten und Knabbereien mit nach Hause nehmen.

- Restaurant 1627, Steingasse 14, 96450 Coburg, Tel. (0 95 61) 7 94 44 46, www.restaurant1627.de
- ÖPNV: Bus 1, 4, 5, 6/66, 7, 10, Haltestelle Ehrenburg

apfelbergheu
MOUN TAIN
MOUN TAIN
CUATE
CUATE
BRANDSTIFTER

Ein zweiter, kleiner Markt

4

Quirliger Albertsplatz

Das Geräusch von sprudelndem Wasser, der Duft von Kaffee und Köstlichkeiten, reges Geplauder und fröhliche Kinderstimmen – fast wie ein kleiner Marktplatz wirkt er, der Albertsplatz in der historisch gewachsenen Ketschenvorstadt mit seinen modernen Wasser- und Lichtelementen, den Schatten spendenden Bäumen, historischen Altbauten und Resten der ehemaligen Stadtmauer. Man kann durch die kleinen Läden bummeln, in der Markthalle einkaufen und in den umliegenden Cafés und Restaurants seine Sinne verwöhnen lassen; oder auf einem der leuchtenden Sitzwürfel eine Pause einlegen und sich in Ruhe umsehen. Früher lag der Albertsplatz, der nach Prinz Albert von Sachsen-Coburg und Gotha benannt wurde, zwischen der inneren und äußeren Stadtbefestigung, heute findet hier ein gelungenes Spiel aus moderner Urbanität und geschichtlichem Charme statt. Architektonisch besonders bedeutsam ist der neugotische Gebäudering, der sich über zwei Kilometer durch die Altstadt zieht. In seiner Geschlossenheit gilt er europaweit als einmalig. Auf dem Albertsplatz zeigt er sich beispielsweise an der Lutherschule und dem Wohn- und Geschäftshaus gegenüber der Markthalle. Auch früher ging es in diesen Räumen schon süß zu, heute trifft man sich hier zu Kaffee und Kuchen. Der Schriftzug „Bonbonfabrik Rudolph Weiss“ erinnert daran, wo bis 1975 Bonbons hergestellt wurden und ein Groß- und Einzelhandel für Süßwaren die Nasch-Herzen höherschlagen ließ. Alt und neu auf jedem Schritt verbindet wortwörtlich das Pflaster aus Naturstein. Dieses wurde bei der Neugestaltung des Platzes 2012 in Anlehnung an das frühere Kalksteinpflaster der Altstadt gewählt. Traditionell prägen zahlreiche Brunnen das Bild der Coburger Innenstadt. Am Albertsplatz wurde ein modernes Wasserspiel in den Boden integriert. Wenn man hier entlangschlendert und die Kombination aus Geschichte und Gegenwart auf sich wirken lässt, bekommt man einen Eindruck, was für schöne Orte diese Stadt zu bieten hat.

TIPP

Vor allem am Abend sorgt die indirekte Beleuchtung für eine einzigartige Lichtstimmung.

- Albertsplatz, 96450 Coburg
- ÖPNV: Bus 2, 3, 4, Haltestelle Albertsplatz

In der Zeit reisen

5 Kunstsammlungen der Veste Coburg

Wie heiratete man früher standesgemäß als Herzog: natürlich mit einem aufwendig gestalteten Prunkwagen. Die Kunstsammlungen der Veste Coburg beherbergen mit ihren vergoldeten Brautwagen aus dem 16. Jahrhundert zwei der ältesten vollständig erhaltenen Kutschen Europas. Sie sind in den Gemäuern der Burg ausgestellt und lassen einen sprichwörtlich in die Zeit der Coburger Herzöge reisen. Beide Prunkwagen wurden für die Hochzeiten von Herzog Johann Casimir von Sachsen-Coburg verwendet. Einer der beiden wurde für seine Vermählung mit Anna von Sachsen im Jahr 1586 extra gebaut. Die Ehe hielt nicht lange, 1599 folgte die Heirat mit Margarethe von Braunschweig-Lüneburg – auch bei diesem Anlauf wurden die Frischvermählten mit einem prächtigen Wagen kutschiert, diesmal in dem ehemaligen Brautwagen von Margarethes Eltern. Die Prunkwagen waren mit hochwertigen Polsterstoffen ausgestattet, an der Vorder- und Rückseite wurden die Wappen von Braut und Bräutigam angebracht. Die Kutschen galten schon damals als große Kostbarkeiten, wie man sich beim Bestaunen der Repräsentierfahrzeuge denken kann. Sie waren ausschließlich für Monarchen und nur für Kurzstrecken bestimmt. Damit sie besonders prunkvoll erstrahlten, wurden sie aufwendig vergoldet und mit imitierten Edelsteinen verziert, so als würde es sich um eine Kutsche aus Gold und echten Edelsteinen handeln. Wesentlich moderner, beispielsweise bereits mit Scheinwerfern ausgestattet, ist das schwarze Galacoupé um 1840, das speziell für die Besuche der Verwandtschaft der Coburger Herzöge, wie beispielsweise für Queen Victoria von Großbritannien oder den belgischen König Leopold, reserviert wurde. Einen guten Blick auf die fürstlichen Kutschen, Wagen und Schlitten aus dem 16. bis 20. Jahrhundert hat man von dem kleinen Sandsteinbalkon mit Ornamenten. Diese Kostbarkeiten, die man von hier oben bestaunen kann, faszinieren heute noch in der gleichen Weise wie Jahrhunderte zuvor.

TIPP

Mit Audioguides mehr über die umfangreichen Ausstellungsstücke in den Kunstsammlungen erfahren.

● Kunstsammlungen der Veste Coburg, Veste Coburg 1, 96450 Coburg, Tel. (0 95 61) 87 90, www.kunstsammlungen-coburg.de
● ÖPNV: Bus 5, Haltestelle Veste

Atemberaubende Kulisse

6

Landestheater Coburg

Er funkelt magisch und zieht alle Blicke auf sich: der gigantische Kronleuchter, der im Landestheater an der filigran bemalten Decke des Zuschauersaals hängt. Die gold-blau verzierten Ränge und Säulen strahlen ebenfalls eine große Eleganz aus. Die Logenplätze, die wie kleine Erker neben der Bühne angebracht sind, verstärken den Eindruck noch. Der Theaterraum macht durch seine wunderschöne Innenarchitektur bereits jeden Besuch lohnenswert. In diesem stilvollen Ambiente spürt man förmlich die blaublütige Vergangenheit, wenn man auf den samtbezogenen Sitzen Platz nimmt, auf denen bereits Prinz Albert und Queen Victoria Kultur genossen. Der erste Coburger Theatersaal für Wanderbühnen wurde 1683 gebaut, im heutigen Landestheater ging der Vorhang im 19. Jahrhundert auf. Nicht nur den Hofadel aus Europa zog das Herzogliche Hoftheater an, sondern auch weltberühmte Künstler wie Schröder-Devrient, Paganini, Liszt oder Strauss, die vor dieser Kulisse auftraten.

Auch heute noch ist man jedes Mal fasziniert, wenn die Lampen an den Rängen ausgehen und das Ensemble auf der Bühne mit der Aufführung beginnt. Die Stücke werden vom Philharmonischen Orchester musikalisch in Szene gesetzt – bei den Konzerten steht es selbst im Rampenlicht. Musiktheater, modern interpretiertes Schauspiel oder leichtfüßiges Ballett; das Dreispartenhaus bietet eine künstlerische Vielfalt und verzaubert alljährlich mit dem Weihnachtsmärchen als Klassiker auch die kleinen Theaterbesucher. In der Weihnachtszeit strahlt im Foyer im ersten Stock ein großer Weihnachtsbaum noch mehr Atmosphäre aus. Vor diesem finden dann Lesungen und kleine Konzerte statt. Der Kronleuchter aus dem Theatersaal wird hier in drei kleineren, genauso spektakulären Varianten unter den hohen Decken aufgegriffen. Durch die bodentiefen Fenster blickt man zur Ehrenburg – es ist das einzigartige Flair, das jeden Theaterbesuch zum Erlebnis macht. Das Landestheater ist wahrlich ein Glücksort mit einer bezaubernden Kulisse.

TIPP

Mitwippen, mitsummen, mitfiebern: Ab Herbst 2022 das Theaterprogramm im Globe Theatre genießen.

● Landestheater Coburg, Schloßplatz 6, 96450 Coburg, Tel. (0 95 61) 89 89 89, www.landestheater-coburg.de, bis 30. Juni 2022 (danach: mehrjährige Renovierung, Theaterbetrieb zieht in Interimsstätte Globe Theatre)
● ÖPNV: Alle Linien, Haltestelle Theaterplatz

Stadtnah und idyllisch

7

Über den Coburger Rundweg & Lutherweg

Dieser Spaziergang hält einiges bereit: tolle Ausblicke, neue Perspektiven, weite Felder, Bänke zum Verweilen, hügelige Wiesen, einen prominenten Zwischenstopp und die Möglichkeit, weitere Wanderwege zu entdecken. Man muss nicht immer in das Umland fahren, auch in Coburg selbst gibt es Aktiv-Touren, wie den schönen ausgedehnten Spaziergang vom Eckardtsturm durch den Hofgarten in die Stadt. Wir starten am Turm gleich mit einer Pause, denn die Sicht auf Coburg und Umgebung muss man einfach eine Weile auf sich wirken lassen. Durch die Baumallee geht es dann immer der Markierung des Coburger Rundweges, einem eingekreisten C, folgend bergab, bevor man am Ende eine Straße überquert. Jetzt heißt es Stufe um Stufe nach oben erklimmen, doch es lohnt sich, denn danach befindet man sich mitten in der Natur: Man spaziert zwischen Feldern und durch einen kleinen Wald – immer stadtnah und doch so ruhig und idyllisch. Im Herbst hört man nur das Rascheln der Blätter. Mit allen Sinnen genießen, so lautet hier das Motto. Ein besonderes Schmankerl dieses Spaziergangs: mehrere Bänke mit Blick auf die Veste Coburg. Es ist Zeit, seine mitgebrachte Brotzeit und Thermoskanne mit warmen oder kalten Getränken auszupacken. So lässt sich entspannt die schöne Landschaft genießen.

TIPP

Im Winter einen Schlitten mitnehmen und im Veilchental die Hügel hinunterfahren.

Wenn der Waldweg an der Straße endet, wechselt man auf den Lutherweg links Richtung Veste. Von hier aus starten weitere Touren, wie der Friedrich-Rückert-Wanderweg oder die Teilstrecke des Europäischen Fernwanderweges – eine Karte gibt einen guten Überblick. Bisher war die Veste nur zum Greifen nahe, jetzt kann ein Zwischenstopp eingelegt und die Burganlage innen und außen besichtigt werden. Setzen wir unseren Spaziergang fort, führt der Weg durch den Hofgarten direkt in die Stadt – unseren Blick auf die alten, prächtigen Bäume sowie weite und hügelige Wiesen gerichtet.

- Spaziergang über Coburger Rundweg und Lutherweg, Startpunkt Eckardtsturm, 96450 Coburg
- ÖPNV: Bus 6/66, 7, Haltestelle Eckardtsberg

Kuschelige Unikate

8

Teddybärenmanufaktur und -museum in Sonneberg

Ihre Bäuche werden mit Füllwatte gestopft, die Gesichtszüge individuell gestaltet. Die Bären werden gewogen und jeder bekommt eine eigene Geburtsurkunde mit Namen. Es ist vor allem für die kleinsten Besucher ein Highlight: Den eigenen Bären kreieren. „Heute ist vieles digital. Wir wollen wieder ein Bewusstsein dafür schaffen, mit seinen Händen ein Unikat zu gestalten", so Sina Martin, die die Teddybärenmanufaktur bereits in fünfter Generation führt. Bei den Martin Bären aus der Spielzeugstadt Sonneberg ist ein jeder individuell – Farbe, Stil, Motto, Bestickung und Brummstimme unterscheiden die kuscheligen Begleiter. Im Laden an der Deutschen Spielzeugstraße begrüßt einen der größte Teddybär der Welt, im Museum der kleinste. An Schwung gewann das Geschäft mit den in Handarbeit hergestellten Bären nach der Wende 1989, seitdem entstanden Hunderte, wie Jahresbären, Sternzeichenbären mit Glückssteinen oder Obstbären, die wohlklingende Namen, wie Apriköschen oder Brombeerchen tragen. Jeweils der erste Bär einer Kollektion bekommt seinen Platz im Museum. Hier kann man die Entwicklung von ernsten Teddys hin zu fröhlichen und ausgefallenen, wie einen Kloßbären, betrachten, eine Jahrmarktszene bestaunen oder direkt von den Kuscheltieren Einblicke in deren Herstellung bekommen. Allen gleich: gläserne Knopfaugen aus Lauscha, hochwertige Materialien, wie Mohair oder Waschleder und das eingestickte grüne Herz als Markenzeichen. Die Region – das grüne Herz Deutschlands – ist Sina Martin wichtig; bei der Umweltbären-Kollektion aus ökologischen Materialien pflanzte sie einen Baum pro verkauftem Teddy im Stadtpark. Die Martin Bären gibt es nur in limitierter Stückzahl, die teilweise erst auf Bestellung produziert werden. Zweimal pro Woche entstehen Unikate, die vor allem bei Sammlern hoch im Kurs stehen. Fest steht: Für den jeweiligen Besitzer ist jeder Bär ein Unikat, der einen manchmal das ganze Leben begleitet und nicht selten einen hohen emotionalen Wert hat.

TIPP

Auch im Laden erhältlich: nachhaltige, handgenähte, bunte Wollwindeln und Kinderkleidung.

● Martin Bären Laden und Teddybärenmuseum, Bahnhofstraße 29, 96515 Sonneberg, Tel. (0 36 75) 70 20 08, www.martinbaeren.de
● ÖPNV: Bus C, Haltestelle Charlottenstraße

Am liebsten Kloß mit Soß'

9

Coburger Rutscher

Er zerfließt auf dem Teller und lässt einem das Wasser im Mund zusammenlaufen. Bereits die Kleinsten kommen früh mit einer der Coburger Spezialitäten in Berührung: dem Coburger Kloß mit Soß´ oder genauer gesagt dem Coburger Rutscher. Der Name kommt nicht von ungefähr, denn der Kloß ist so weich, dass er im Gaumen fluffig-leicht hinunterrutscht. Auch wenn er meistens mit einem deftigen Braten serviert wird, ist der Rutscher der eigentliche Star auf dem Teller. Und das, obwohl er mit seinen Zutaten bescheiden daherkommt – Kartoffeln, Wasser, Salz und geröstete Semmelbrösel. Die Mischung aus rohen, geriebenen Kartoffeln und Brei aus gekochten Kartoffeln wird meist gekonnt mit einem Holzquirl verrührt.

Bereits in einem Coburger Reiseführer von 1956 wurde das Hähnchen mit rohen Klößen, auf fränkisch „Göckerla mit Rohaklöß", vorgestellt. Ein Geschmacks-Glücksort ist heute überall dort, wo die leckere Spezialität auf der Speisekarte steht, beispielsweise gehobener im Goldenen Kreuz oder traditionell im Brauhaus oder Henneberger Haus. Eine Besonderheit in Coburg: Die Kloßküche, bei der man sich die Rutscher mitsamt Braten und Beilagen in seinen Töpfen abholt.

TIPP

Als Andenken bei der Coburg Touristinfo einen Holzquirl mit dem Rezept für Coburger Klöße kaufen.

Seine Wurzeln hat der besondere Kloß im benachbarten Thüringen, 1854 wurde das Rezept vom Küchenmeister des Erbprinzen von Sachsen-Coburg leicht abgewandelt. Zum Abbrühen der ausgepressten Kartoffelmasse verwendete er in Milch gekochten Grießbrei, in die Mitte füllte er geröstete Semmelbrösel (fränkisch: Bröckala). Heute verwandelt sich der Coburger Marktplatz einmal im Jahr in einen Klößmarkt. Ein leckerer Duft, einzigartige Kloßkreationen und viele zufriedene Gesichter prägen dann das Stadtbild. Der Kloß ist so einzigartig, dass er sich aufgrund seiner rutschigen Beschaffenheit von allen anderen Zubereitungen in Oberfranken unterscheidet und als Urform der fränkischen Klöße angesehen wird.

● Coburger Rutscher
Zum Beispiel im Gasthaus Goldenes Kreuz, Herrngasse 1, 96450 Coburg, Tel. (0 95 61) 51 34 07, www.goldenes-kreuz-coburg.de oder in der Coburger Kloßküche, Heiligkreuzstraße 29, 96450 Coburg, Tel. (0 95 61) 9 53 30, www.cokk.de

Liebe zum Detail

10 Keramikmalerei Sylvia Reuter in Kronach

Wenn man durch den verspielten Garten läuft mit den bemalten Keramikkugeln und -wasserfiguren in einer Zinkwanne, fühlt man sich wohl und spürt, dass hier viel Kreativität zu Hause ist. Farbenfrohe Tassen, Vasen und Stövchen sind über den gesamten Außenbereich verteilt, sie geben einen ersten Einblick, wie vielfältig die hier entstandenen Keramiken sind. Im Innenraum des Werkstattladens stehen auf deckenhohen Regalen glänzende und matte Unikate, mal in floral-verspieltem, mal in skandinavisch-schlichtem Design – jedoch immer mit viel Liebe zum Detail. Die Malerei war schon immer die Leidenschaft von Sylvia Reuter, somit lag der Berufswunsch nahe: Porzellanmalerin in Meißen. Seit 2019 ist sie mit einem eigenen Werkstattladen selbstständig.

TIPP

Wunschmotive auf Keramik malen lassen – so wird jedes Stück noch individueller.

Ihre Inspiration findet sie in der Natur, den Jahreszeiten und der Musik. Für ihre kreativen Designs stellt die Künstlerin ihre eigenen Keramikmalfarben, die Malengoben, her. Diese bestehen aus aufgeschlämmtem Ton, der mit Farbpigmenten versetzt wird. Bei der Engobenmalerei wird die Farbe vor dem Brennen auf den Rohling aufgetragen. Sylvia fasziniert die Kombination aus Altem und Neuem. Sie nutzt das Wissen über eine alte Technik, gestaltet ihre Unikate aber mit modernen Mustern.

Neben Leidenschaft, Ideen und Kreativität braucht man bei der Keramikmalerei vor allem eines: viel Geduld. Von einer Töpferin aus der Nähe erhält sie die Tonrohlinge, die exakt nach Sylvias Form-Vorstellungen umgesetzt werden. Alle Schilder, Fliesen, Schmuck und Uhren stellt sie selbst her. Danach werden die Ideen Pinselstrich um Pinselstrich auf den Ton aufgebracht, wie verspielte Blumen oder fließende Kreise. Nach der Bemalung muss der Rohling trocknen, bis keine Feuchtigkeit mehr im Ton vorhanden ist. Nach dem ersten Schrühbrand bei 950°C wird das Produkt glasiert und ein zweites Mal im Glasurbrand bei 1240°C fertiggestellt. Ihre Unikate können dann in der Keramikwerkstatt, im Onlineshop oder bei einem der regionalen Handwerkermärkte gekauft werden.

- Keramikmalerei Sylvia Reuter, Alte Dorfstraße 19, 96317 Kronach, Tel. (0 92 61) 6 79 81 64, www.sylvia-reuter.de
- ÖPNV: RB 25, RE 42, Haltestelle Bahnhof Neuses (b. Kronach)

Einkaufen wie früher

11 Saisonal und regional: Coburger Wochenmarkt

Farbenfrohe, duftende Blumensträuße, Kisten voll mit saisonalem Gemüse und Obst, frische Eier, ofenwarmes Landbrot, selbst gemachter Honig aus der eigenen Imkerei – wenn man über den Coburger Wochenmarkt schlendert, fühlt man sich der Stadt besonders nah, denn man lernt die Menschen und all die regionalen Köstlichkeiten kennen. Jeden Mittwoch und Samstag von 8 bis 13 Uhr kann man seinen Korb mit diesen Spezialitäten füllen. Dabei macht es glücklich zu wissen, woher die Kartoffeln, an denen noch Erde klebt, kommen. Der Markt lädt dazu ein, sich mit den Erzeugern der „Genussregion Coburger Land" über Herstellung und Geschmackskombinationen auszutauschen. Nicht selten darf man da auch mal eine Kostprobe nehmen. Die Qualität schmeckt man! Die Kulisse für die prall gefüllten Stände, Marktschirme und -wagen bildet der Coburger Marktplatz, der einen besonderen Charme ausstrahlt. Und was für einen: Laut Fachzeitschrift GEO zählte er 2018 zu den schönsten Marktplätzen Deutschlands!

Umgeben von einem historischen Gebäudeensemble, dem Denkmal von Prinz Albert und dem geschichtsträchtigen Kopfsteinpflaster unter den Füßen fühlt man sich, als würde man eine Reise in die Vergangenheit unternehmen – in die Zeit der Entstehung des Marktplatzes im frühen 15. Jahrhundert oder als sich hier die Handelsstraße von Nürnberg nach Erfurt mit der von Prag nach Frankfurt am Main kreuzte. Heute herrscht an Markttagen ebenfalls von früh an reges Treiben. Samstags findet zusätzlich ein Bauernmarkt im Steinweg und Bürglass statt, dienstags und freitags (ebenfalls von 8 bis 13 Uhr) ein Gemüsemarkt der Direktvermarkter aus der Region Bamberg. Außerdem lockt der Marktplatz mit weiteren Highlights, wie dem Kloßmarkt oder dem traditionellen Weihnachtsmarkt. Dieser Platz ist immer ein beliebter und besonders schöner Treffpunkt, auf dem sich nicht zuletzt kulinarisch unendlich viel entdecken lässt.

TIPP

Sich nach dem Einkauf in ein Café setzen und dem bunten Treiben entspannt zusehen.

- Coburger Wochenmarkt auf dem Marktplatz, 96450 Coburg, Mittwoch und Samstag, 8 – 13 Uhr
- ÖPNV: Alle Linien, Haltestellen Albertsplatz, Ehrenburg, Theaterplatz

Naherholung & Fernträume

12 Froschgrundsee in Rödental

Gleichzeitig nah und doch so fern: Zwischen Coburg und Thüringer Wald gelegen, kann man rund um den beliebten Froschgrundsee spazieren und dabei von fernen Orten träumen. Dazu lädt die gigantische ICE-Trasse ein, die das Bild der Landschaft um den Froschgrundsee mindestens genauso prägt wie die Natur. Von Coburg aus kann man dank schneller Zugverbindungen in kürzester Zeit bis nach Erfurt reisen und damit problemlos einen Tagesausflug in die Landeshauptstadt Thüringens unternehmen.

Die Brücke am Froschgrundsee ist nicht nur optisch ein Superlativ, sondern als derzeit größte freitragende Bogenbrücke Europas einzigartig. So beeindruckend sie auch ist, das Naherholungsgebiet unter ihr hat auch eine Menge zu bieten. Der künstlich angelegte Stausee, der auch Schönstädtspeicher genannt wird, hat die optimale Größe, um ihn mit einem ausgedehnten Spaziergang zu umrunden. Dabei kann man auf verschiedenen Informationstafeln viel Wissenswertes über die heimische Tier- und Pflanzenwelt erfahren. Die Route führt an einer Wiese entlang und weiter durch den Wald, wobei man zwischendurch immer wieder auf den See blicken kann. Wem die kleine Rundwanderung nicht reicht, der kann die Wanderstöcke einpacken oder sich aufs Fahrrad schwingen und von hier aus weitere Aktiv-Touren unternehmen, beispielsweise auf dem „Panoramaweg Schaumberger Land". Zum ausgiebigen Entspannen laden die vielen Bänke oder Wiesen mit Blick auf das Wasser ein. Wer keine eigene Verpflegung eingepackt hat, kann im Restaurant am Froschgrundsee, das ebenfalls in diesem Reiseführer vorgestellt wird, einkehren. Ob Erholung oder Aktivität – der Froschgrundsee bietet beides und ist damit zu jeder Jahreszeit einen Besuch wert.

TIPP

Wohnmobil-Ausflug: Abends auf dem Stellplatz am Nordufer parken, morgens eine Seerunde drehen.

- Froschgrundsee, 96472 Rödental
- ÖPNV: Bus 720, Haltestelle Froschgrundsee Nord

Die Veste zum Greifen nah

13 Eckardtsturm: Stadtnaher Aussichtspunkt

Zugegeben: Kommt man aus Richtung Stadt, genau genommen vom Parkplatz an der Pestalozzischule oder der Bushaltestelle, sind es schon einige Stufen, die es zu erklimmen gilt. Doch am Ende ist der Eckardtsturm schneller erreicht als gedacht. Entspannter ist ein kleiner Spaziergang über eine Baumallee aus der entgegengesetzten Richtung. Dass sich der kleine Aufstieg aber allemal lohnt, zeigt sich spätestens bei der grandiosen Aussicht von dem 432 Meter hohen namensgebenden Berg, auf dem der Turm steht. Bereits Ende des 19. Jahrhunderts diente er als stadtnaher Aussichtspunkt. Zu verdanken haben die Coburger den Eckardtsturm Herzog Ernst II. von Sachsen-Coburg und Gotha, der ihn bauen ließ, um die Umgebung zu verschönern und eine Art „Markierung“ in die Landschaft zu setzen. Das ist ihm durchaus gelungen: Die beeindruckende Silhouette der Veste Coburg scheint hier zum Greifen nah. Bereits vom Fuße des 21 Meter hohen Turms genießt man einen weiten Blick über die Stadt und ihre Umgebung. Weitere markante Blickfänge lassen sich von hier ausmachen, zum Beispiel Schloss Callenberg und der Bismarckturm. Gemeinsam bilden sie das sogenannte Türmerechteck auf den Anhöhen rund um die Coburger Innenstadt. Derzeit kann der Turm nicht bestiegen werden, von oben reicht die Aussicht bei gutem Wetter sogar bis zur Veste Heldburg und zum Fichtelgebirge. Doch auch ein Blick auf die Steinfassade des Turms lohnt sich. 1872/1873 wurde er im gotischen Stil erbaut und 1980/1981 renoviert, eine kleine Tafel neben der Holztür hält die wichtigsten Daten fest. Das Besondere an diesem Glücksort: Man fühlt sich hier oben mitten in der Natur und befindet sich dabei doch ganz stadtnah – somit ist er der perfekte Erholungsplatz für eine Pause zwischendurch.

TIPP

Kurz nach dem Turm hat man von der Bank in der Allee einen Bilderbuchblick auf die Veste.

- Eckardtsturm, 96450 Coburg
- ÖPNV: Bus 6/66, 7, Haltestelle Eckardtsberg

Die Welt in einer Tasse

14 ADAMS Kaffeerösterei in Bad Staffelstein

Manchmal führt ein Zufall zu einer guten Idee – oder zu einer besonderen Kaffeebohne. Padua stand eigentlich nicht auf ihrer Roadtrip-Liste, als Ralf Hetzel und sein Kumpel Jens Zipfel 2019 mit ihrem Camper durch Europa reisten. Eine Autopanne führte sie in die italienische Stadt zwischen Venedig und Verona, die sich als Geheimtipp erwies. Ebenfalls Teil ihrer Reise: richtig guter Kaffee. Inspiriert von den verschiedenen Aromen reifte die Idee einer eigenen kleinen Kaffeerösterei. Mit Leidenschaft beschäftigte sich Ralf intensiv mit den Geheimnissen der Bohnenröstung und erfüllte sich 2021 mit der ADAMS Kaffeerösterei seinen Traum. Seitdem bringt er, mit tatkräftiger Unterstützung von Jens, die Besonderheiten der Roadtrip-Stationen geschmacklich in individuelle Blends und Bohnen. Der italienischen Stadt widmete er die 100%-Robusta-Bohne „Padua – DER Exot", die genauso außergewöhnlich und überraschend ist wie es der Zwischenstopp damals für sie war. Natürlich auch dabei: der Heimat-Klassiker Staffelstein.

TIPP

Mit Ralf über richtig guten Kaffee philosophieren und sich bei der Auswahl der Sorte beraten lassen.

Das Konzept der ADAMS Kaffeerösterei: Die Zusammenarbeit mit kleinen Manufakturen und eine nachhaltige, schonende Kaffeezubereitung – denn es braucht Zeit, damit der besonders intensive und gleichzeitig angenehme Geschmack entsteht. „Mir ist ein weicher, harmonischer Abgang wichtig. Um die verschiedenen Nuancen herauszuschmecken, empfehle ich, den Kaffee pur zu trinken", erklärt Ralf. Die frisch gemahlenen Bohnen bereitet man am besten mit einer Siebträgermaschine zu. Geröstet, gekostet und verkauft werden die Spezialitäten in seinem Laden in Bad Staffelstein. Das Haus mitsamt Laden sanierte er 2021 und hauchte dem in die Jahre gekommenen Gebäude neue Kaffeedüfte ein. Hier drehen sich heute die Bohnen in der Trommel und im Hintergrund eine Vinyl mit entspannter Jazzmusik auf dem Plattenteller. So lässt sich auch in den eigenen vier Wänden eine Tasse frisch aufgebrühter Kaffee genießen und dabei von dem Ort träumen, durch den Bohne und Blends inspiriert wurden.

- ADAMS Kaffeerösterei, Horsdorfer Straße 1, 96231 Bad Staffelstein, Tel. (01 52) 54 66 98 82, www.adams-kaffeeroesterei.de
- ÖPNV: Bus 1211, 1212, Haltestelle: Horsdorfer Straße

ADAMS
ADAMS
Kaffeerösterei
STAFFELSTEIN
ESPRESSO
ADAMS
PADUA

Freiluft-Kulinarik

15 Biergarten Bastion Marie in Kronach

„Das Gefühl, zur richtigen Zeit am richtigen Ort zu sein", macht das persönliche Glücksgefühl für Sandra Englich aus. Und das kann die Besitzerin des Restaurants Bastion Marie jeden Tag erleben. Denn vom dazugehörigen Biergarten aus genießt man einen atemberaubenden Panoramablick in das Tal und die umliegende Naturlandschaft. Die Festung Rosenberg im Rücken und die Altstadt von Kronach zu Füßen wurde er bereits mehrfach zu einem der schönsten in Deutschland gekürt. Im Sommer sitzt man schattig unter Linden, zwischen denen Lichterketten gespannt sind, die abends für eine stimmungsvolle Atmosphäre sorgen. An der Hauswand ranken sich Rosen empor, an den Tischchen direkt am Restaurant ist man für sich. „Die Bastion Marie ist für mich zu einem wichtigen Bestandteil meines Lebens und der meiner Familie geworden", schwärmt Sandra Englich. In der Küche steht beispielsweise ihre Mutter am Herd und zaubert mit ihrem Team die beliebten fränkischen Tapas – ein Potpourri aus fränkischen Brotzeiten im Miniformat – oder selbst gemachte ofenfrische Flammkuchen. Daneben lassen regionale Fisch- und Fleischgerichte sowie Burger im Bastion Marie Style die kulinarischen Herzen höherschlagen.

TIPP

Vor oder nach dem Biergartenbesuch die Festung Rosenberg besichtigen.

Der Biergarten ist alleine schon wegen des einmaligen Ausblicks und der leckeren Speisen einen Besuch wert, zu bestimmten Anlässen setzt das Team noch eine Schippe drauf: bei den Premierenfeiern zu den Rosenberg Festspielen, bei Events mit Livemusik oder Sundowner-Abenden, an denen man sich mit einem frisch gemixten Cocktail und DJ wie in einem Freiluft-Club fühlt. Wer es gediegener mag, der wird am Nachmittag vom Kaffeeduft und den selbst gebackenen Kuchen und Torten angelockt. Leckere Köstlichkeiten vor einem umwerfenden Panorama – hier oben kann man das Leben genießen.

- Bastion Marie, Festung 1, 96317 Kronach, Tel. (0 92 61) 50 07 00 www.knut-events.de
- ÖPNV: Bus 1, 4999, Haltestelle Festung Rosenberg

Bastion Marie

Magische Stimmung

16 Kleiner nächtlicher Spaziergang durch Coburg

Die Gebäude werden mit indirekten Lichtern angestrahlt und tauchen den Marktplatz in eine verwunschene Stimmung. Coburg besitzt nicht nur tagsüber eine einzigartige Atmosphäre, sondern strahlt auch nachts einen besonderen Charme aus, der einen verzaubert und so schnell nicht mehr loslässt. Von den vielen Glücksorten geht dann ein ganz eigenes Flair aus, das sich von dem am Tag unterscheidet. Den kleinen nächtlichen Spaziergang startet man am besten am Albertsplatz: Die beleuchtete Lutherschule, die im Stil der Neugotik erbaut wurde und auf der bayerischen Denkmalliste steht, strahlt ihre Erhabenheit aus, die Sitzwürfel davor setzen leuchtende Akzente. Durch die Ketschengasse oder die Rosengasse spaziert man Richtung Marktplatz. Das Wort pittoresk trifft es wohl am ehesten, wenn man den Mittelpunkt der Coburger Innenstadt beschreiben möchte. Am besten man dreht sich auf dem Kopfsteinpflaster, das dem Markt seinen historischen Charakter verleiht, einmal um sich selbst, um das Bild in sich aufzunehmen. Doch nicht nur das Rathaus mit dem gegenüberliegenden Stadthaus oder das beleuchtete Denkmal von Prinz Albert von Sachsen-Coburg und Gotha ziehen die Blicke auf sich, es lohnt sich, auch auf die vielen Details der umliegenden Häuser zu achten. Weiter geht der nächtliche Spaziergang durch die Steingasse, Herrngasse oder über die Theatergasse bis zum Schlossplatz. Landestheater und Schloss Ehrenburg sind mit Spots mystisch angestrahlt, als ob sie einem sagen wollen: „Schaut her, wie prächtig wir aussehen." Und das sind sie wahrlich! Der Spaziergang endet am Josiasgarten am Theaterplatz. Auch hier spielt die Beleuchtung eine Rolle: Große Installationen in den Bäumen schaffen eine gemütliche Stimmung. Im Sommer kann man im Biergarten noch einen Absacker zu sich nehmen oder eine fränkische Brotzeit genießen. Auch die weiteren Restaurants und Bars auf dem Weg laden zu einem gemütlichen Abendausklang ein.

TIPP

In der Vorweihnachtszeit lassen romantische Lichterketten die Gassen noch mehr erstrahlen.

● Nächtlicher Spaziergang durch Coburg, Startpunkt Albertsplatz, 96450 Coburg

Handwerkskunst entdecken

17 Pfad der Flechtkultur in Lichtenfels

Denkt man an Lichtenfels, kommt einem sofort die Bezeichnung „Deutsche Korbstadt“ in den Sinn. Im September findet der bekannte Korbmarkt – mit Korbstadtkönigin – statt, auf dem Flechtwerkgestalter aus ganz Europa ihre Unikate präsentieren und verkaufen. Auf dem Pfad der Flechtkultur kann man das ganze Jahr viel über diese Handwerkskunst lernen. Eine Station auf dem Erlebnisrundweg eignet sich auch als eigenes Ausflugsziel. Am naturbelassenen Ortswiesensee kann man schwimmen, Tretboot fahren, in der Sonne faulenzen oder an der Strandbar den Tag genießen. Wem es hier besonders gut gefällt, der kann auf dem Campingplatz seine Zelte für ein verlängertes Wochenende aufschlagen.

Direkt am See findet man ein Tipi aus Weiden, eine Station auf dem 14 Kilometer langen Erlebniswanderweg zwischen der Korbstadt Lichtenfels und der Korbmachergemeinde Michelau. Man lernt auf dem Weg die verschiedenen Facetten der Flechtkunst kennen, indem man seine Orientierung in einem Labyrinth aus Weiden testen oder im Deutschen Korbmuseum über die Vielfalt der Ausstellungsstücke staunen kann. Noch mehr über die Tradition und regionale Bedeutung eines der ältesten Handwerke der Welt erfährt man auf über 20 Informationstafeln. Auch der Anbau von Weiden in der Region, die Grundlage der Korb- und Flechtwarenherstellung, wird anschaulich thematisiert. So liest man am Weidentipi über den Warentransport auf dem Wasser: Wo die Flößerei heute nur noch Freizeitstatus hat, war diese viele Jahrhunderte lang von großer Bedeutung; vor allem als Holzumschlagplatz war Lichtenfels bekannt.

TIPP

Bei einem Flechtkurs (über die Touristinfo) kreativ werden und ein Unikat fertigen.

Auf dem Pfad der Flechtkultur kann man einzelne Stationen besuchen, wie das Weidentipi am See, oder den ganzen Erlebnisrundweg erwandern. Sportbegeisterte erkunden ihn am „Flechtkulturlauf Obermain“ auf Lauf- und (Nordic-)Walking-Strecken oder können sich bei einem Halbmarathon messen. Ob Entspannung, Sport oder Naturbeobachtung, auf welche Art auch immer man den Rundweg entdeckt, das Thema Flechten ist immer präsent.

- Pfad der Flechtkultur, Weidentipi am Ortswiesensee, Krößwehrstraße 52, 96215 Lichtenfels
- ÖPNV: Bus 1201, 1202, Haltestelle Brückenberg

Leckere Kräuterwiese

18

Hoflikör in der Hof-Apotheke

Er schimmert bernsteinfarben und schmeckt gleichzeitig samtig-sanft und kräftig nach einer bunten Sommerwiese voller Kräuter. Der Hoflikör zeichnet sich durch einen ganz unverwechselbaren Charakter aus. Hergestellt wird er in den historischen Gemäuern der Coburger Hof-Apotheke. Die Kräuter dafür werden in Tonnen aus Buchenholz hoch oben im Dachgiebel gelagert.

Um herauszufinden, woher die Rezeptur der Spezialität stammt, muss man jedoch nicht nur viele Jahre zurückgehen, sondern auch in die entgegengesetzte Richtung, nämlich nach unten in das Gewölbe. Denn genauso viele Geheimnisse wie um den Likör ranken sich um das historische Gebäude eines der ältesten Apotheken Deutschlands. Ein Blick in die Geschichte: Im Herbst 1543 wurde die Apotheke unter dem Namen „Apotheke zum güldenen Strauß“ am heutigen Markt 15 gegründet. 1617 ernannte der Coburger Herzog Johann Casimir den damaligen Apotheker zum Hoflieferanten, weshalb sie sich seitdem Hof-Apotheke nennen darf. Zu den prominenten Besitzern zählten fünf Herzöge. Da verwundert es nicht, dass von der Hof-Apotheke über Schloss Ehrenburg bis zur Veste ein geheimer Gang existieren soll. Ob früher als Fluchtweg für die Herzöge bei einer Belagerung der Stadt oder als Weg für mehr Likör-Nachschub – trotz Grabungen konnte dieses Rätsel nie gelöst werden. Was man stattdessen fand: Rezepturen für verschiedene Spirituosen. Rudolf Priesner, der damalige Hofapotheker und Großvater des heutigen, probierte einige aus. Ein Likör überzeugte ihn, das war die Geburtsstunde des Hoflikörs. Seitdem wird das Geheimrezept nur von Hofapotheker zu Hofapotheker überliefert und noch heute nach dieser traditionellen und streng gehüteten Rezeptur in Handarbeit hergestellt. Die Hof-Apotheke mit dem Hoflikör wird so nicht nur wegen des besonderen Geschmacks zu einem Glücksort, sondern auch, weil man hier quasi in einer Flasche ein Stück Geschichte mitnehmen kann.

TIPP

Im Sommer eine Portion Vanilleeis mit dem Hoflikör verfeinern.

- Hof-Apotheke, Markt 15, 96450 Coburg, Tel. (0 95 61) 8 01 20
www.hofapo.com
- ÖPNV: Alle Linien, Haltestellen Albertsplatz, Ehrenburg, Theaterplatz

Herba
Basilici
Herba
Cardui benedi
HERB
EUPHRAS
Herba Verbenae
odoratae

Vergangenheit und Moderne

19 Tür zur Innenstadt: Ketschentor

Man sagt: Es gibt keine zweite Chance für den ersten Eindruck. Das gilt auch für eine Stadt. Deren erster Eindruck wird seit jeher vom Eingangstor bestimmt. Doch viel zu selten schaut man hier etwas genauer hin. Dass es sich lohnt, zeigt das Ketschentor. Aus Richtung Anger kommend verbindet es auf einzigartige Weise Vergangenheit und Gegenwart der Vestestadt und macht Geschichte lebendig. 1303 erbaut, ist es das einzige noch erhaltene Außentor Coburgs. Die welsche Haube kam 1713 hinzu, sie ersetzte den oberen Teil des Holzbaus, auf dem sich ursprünglich Türmchen und Erker befanden. Spaziert man durch das mit Efeu überrankte Tor, läuft man geradewegs vorbei am Albertsplatz auf den Marktplatz zu. Ein gebührender Start bei jedem Besuch der historischen Innenstadt! Schon früher war der Marktplatz der Mittelpunkt Coburgs, an dem sich alles orientierte. Umschlossen wurde er von der inneren und äußeren Stadtmauer mit Innentoren und dazugehörigen Außentoren zur Sicherung. Benannt wurden die Tortürme nach den Straßen, die zu diesen führten. Von den Innentoren sind noch das Spital- und das Judentor, die spätestens Anfang des 13. Jahrhunderts entstanden sind, erhalten geblieben. Vom Judentor ausgehend bis zum Ernstplatz erstreckt sich die alte Stadtmauer. Auch an anderen Stellen sind Reste der Stadtmauern zu finden, die aus dem 15. Jahrhundert stammen und im Laufe der Jahrhunderte immer wieder erweitert oder geändert wurden. Man sollte aufmerksam durch die Innenstadt schlendern, um immer wieder neue alte Monumente der Stadtgeschichte zu entdecken. Dabei zeigt sich, dass die historische Entwicklung der Stadt an vielen Stellen präsent ist – es lohnt sich, öfter innezuhalten. Was hinter dem Ketschentor auf einen wartet? Schöne, kleine Läden, Restaurants und Cafés, die den Weg Richtung Marktplatz säumen und von denen einige hier im Reiseführer vorgestellt werden.

TIPP

In der Dunkelheit wird das Tor indirekt beleuchtet und strahlt eine prachtvolle Erhabenheit aus.

- Ketschentor, 96450 Coburg
- ÖPNV: Bus 2, 3, 4, Haltestelle Landgericht

Bunte Fachwerkhaus-Idylle

20 Spaziergang durch Ummerstadt

Mit dem Ortsschild „Ummerstadt“ betritt man eine Bilderbuch-Idylle, für die dieses Wort scheinbar erfunden wurde. Mintfarben-rosa, grün-weiß oder rot-weiß mit blau: Wie aus einem Malkasten wirken die bunten Fachwerkhäuser, und zwar jedes in einer anderen Farbkombination mit individueller Note. Die Gebäude sind dabei aufgereiht wie an einer Perlenkette – zusammen entfalten sie ihren ganzen Charme. Als wären die Fassaden nicht schon bunt genug, sind auch die Türen größtenteils farbig gehalten, sie bilden einen harmonischen Kontrast zum Fachwerk. Das bekannte i-Tüpfelchen stellen die üppig bepflanzten Blumenkästen dar. Man fühlt sich in eine andere Zeit zurückversetzt – optimal als historische Kulisse für den Luther-Film, der hier gedreht wurde. Das Städtchen selbst hat eine lange Geschichte, 837 wurde es zum ersten Mal urkundlich erwähnt, 1319 Stadt genannt.

TIPP

Auf Details achten: Im Rathausturm am Marktplatz hängt Ummerstadts älteste Glocke.

Gleich nach dem Marktplatz reihen sich noch weitere bezaubernde Fachwerkfassaden aneinander. Man kommt aus dem Staunen gar nicht heraus! Es ist nur zu verständlich, dass der gesamte Stadtkern von Ummerstadt unter Denkmalschutz steht, wie auch das Brauhaus, in dem noch heute Bier gebraut wird. Ein weiterer Superlativ: Ummerstadt ist die kleinste Stadt Thüringens und die zweitkleinste Deutschlands. Der Beinamen „Thüringisches Rothenburg“ ist aufgrund der vielen gut erhaltenen Fachwerkhäuser selbsterklärend. Ummerstadt liegt zwar nur etwas mehr als 10 Kilometer vom Stadtkern Coburgs entfernt, gehört aber bereits zum Heldburger Unterland und somit zum Süden Thüringens. Auch als Töpferstadt wird es recht oft bezeichnet, da das Handwerk hier ab dem 18. Jahrhundert eine wichtige Rolle einnahm und Ummerstadt dafür einen guten Ruf genoss. Am besten man macht sich von diesem Glücksort selbst ein Bild, real und vor Ort.

- 98663 Ummerstadt
- ÖPNV: Bus 217, Haltestelle Ummerstadt

Lockere Atmosphäre

21 Hinterhof-Biergarten im Café Sorgenfrei

Was haben das Almwellness-Resort Tuffbad in Kärnten und das Café Sorgenfrei in Coburg gemeinsam? Hausgemachten Heusirup, der nach Kräutertee und Honig schmeckt. Cafébesitzer Benjamin Reimers begeisterte das Geschmackserlebnis so sehr, dass er das Rezept mit nach Coburg brachte und die namensgebende Zutat aus 2.000 Metern Höhe direkt von dort bezieht. Die Besonderheiten: Das Heu hat einen hohen Anteil an Wildkräutern und -blumen und wird von Hand geerntet. Genießen kann man den Heusirup am besten in dem lauschigen Biergarten, der sich hinter einem wunderschönen Fachwerkhaus aus dem Jahr 1727 versteckt. Die kleine Wohlfühloase möchte man am liebsten nicht mehr verlassen – dank der leckeren Kaffeespezialitäten braucht man das auch nicht. Mit denen kennt sich Benjamin als jahrelanger Hauptbarista bei Lavazza in Deutschland und Österreich besonders gut aus. Gemeinsam mit der Rösterei Coroma in Sonnefeld/Gestungshausen entwickelte er seine eigene Röstung: 50 % Robusta, 50 % Arabica. Diese Kaffeemischung gibt es nur im Café Sorgenfrei. Auf die Frage, was einen guten Kaffee ausmache, fachsimpelt er nicht, sondern antwortet schlicht: „Dass er schmeckt.“ Sympathisch und locker – so lässt sich auch die Atmosphäre im Café beschreiben: Es ist ein Ort, der alle willkommen heißt, ganz besonders die kleinsten Besucher, die in Kinderhochstühlen Platz nehmen oder in einer Spielecke toben dürfen.

Neben der hauseigenen Kaffeespezialmischung lockt auch die saisonale Speisekarte. Viele Zutaten werden auf dem Wochenmarkt gekauft oder sogar selbst gesammelt, wie zum Beispiel Bärlauch. Auch unter anderem Burger-Patties, Flammkuchen oder Waffeln sind hausgemacht – Letztere sind übrigens wahres Soulfood, klassisch mit Puderzucker oder mit Sahne- und Eis-Topping. Bei schlechtem Wetter lassen sich die Waffeln natürlich auch in den Räumen des Fachwerkhauses genießen, die genauso gemütlich sind wie der Außenbereich.

TIPP

Passt auch immer: die heiße Schokolade nach hauseigenem Rezept.

- Café Sorgenfrei, Webergasse 23, 96450 Coburg, Tel. (0 95 61) 3 51 49 93 www.sorgenfrei-coburg.de
- ÖPNV: Alle Linien, Haltestelle Mohrenstraße

CAFÉ SORGENFREI

Erholsames Geschnatter

22

Entspannen am Goldbergsee

„Warum in die Ferne schweifen, sieh, das Gute liegt so nah" – wie gut passt die an Goethes Gedicht „Erinnerung" angelehnte Redensart zum Goldbergsee, dem beliebten Naherholungsgebiet bei Coburg. Hier treffen sich Spaziergänger, Wanderer, Sportler, Erholungsuchende und Familien gleichermaßen. Die einen spazieren um den See und beobachten dabei die Vögel, die anderen suchen Entspannung beim morgendlichen Yoga auf den taufrischen Wiesen oder machen es sich einfach auf einer der vielen Bänke bequem und lassen den Blick über den See, Schloss Callenberg und die Veste Coburg schweifen.
Hinzu gesellen sich im Frühjahr Kraniche und im Winter Schnatter-, Krick- und Knäkenten, denn in einem Bereich des Goldbergsees befindet sich das Naturschutzgebiet „Vogelfreistätte Glender Wiesen". Vor allem hochgradig bedrohte Vogelarten finden hier einen Lebensraum; Rast-, Nahrungs- und Brutplätze wurden auf zusätzlich angelegten Inseln geschaffen. Seltene Wiesenbrüter, wie die Bekassine, können hier beobachtet werden. Dieses Gebiet zählt in Oberfranken zu den bedeutendsten für den Bestand dieser Vogelart. Das Naherholungsgebiet Goldbergsee bietet dank seiner Naturvielfalt Rückzugsmöglichkeiten – für Tier und Mensch. Dies wurde durch die Einteilung in verschiedene Zonen ermöglicht: Naturschutz, Vogelschutz sowie Freizeit und Erholung. Wer das Naturparadies aktiv erkunden möchte, begibt sich auf den circa 14 Kilometer langen Coburger Rundwanderweg, der am Friedrich-Rückert-Park in Neuses startet.
Am Goldbergsee verbinden sich auf gelungene Weise Erholung und Aktivität mit ganz viel Natur. Auf einer der Bänke unter den Schatten spendenden Weiden auf der kleinen Landzunge ist der Alltag schnell vergessen – Abschalten ist hier garantiert.

TIPP

Ein Fernglas zur Vogelbeobachtung mitnehmen!

- Goldbergsee, 96450 Coburg
- ÖPNV: Bus 5, Haltestelle Veilchenweg

Mittsommer-Feeling

23 Blumenkränze binden im Konfetti Club

Denkt man an bunte Blumenkränze als Dekoration oder Haarschmuck, hat man gleich ein Bild von Skandinavien vor Augen – von lauen Sommerabenden, glücklichen, tanzenden Menschen auf blumengeschmückten Mittsommerfesten und purer Freude. Da Konfetti mit seinen vielen bunten Farben und der damit verbundenen guten Laune bestens dazu passt, hatten die beiden Gründerinnen Katharina Ranzinger und Theresa Heeb den Namen für ihren Glücksort schnell gefunden: Konfetti Club. Die Leidenschaft für Floristik und DIY-Projekte wurde den Schwestern in die Wiege gelegt, aufgewachsen sind sie nämlich quasi in einem Blumenladen. Heute geben sie ihre kreativen (Blumen-)Ideen in Kursen an andere Begeisterte weiter. Diese finden als offene Workshops statt oder werden für geschlossene Gruppen angeboten.

TIPP
Aus Blumen lassen sich weitere kreative Ideen umsetzen, wie natürliche Mobile.

Die Natur liefert dabei die schönsten Farben: Im Konfetti Club entstehen zu allen Jahreszeiten farbenfrohe (Trocken-)Blumenkreationen. Auf dem langen Holztisch in der Werkstatt der Schwestern stehen alle Zutaten in Vasen bereit: grüner Eukalyptus, pastellige saisonale Schnittblumen und eine große Auswahl an Trockenblumen – in knalligen Farben und dezent zurückhaltenden Naturtönen. Mit voller Konzentration werden sie zu kunstvollen Kränzen gebunden, bei den Workshops wird viel gelacht und geplaudert und immer wieder bewundert man gegenseitig die unterschiedlichen Kreationen. Im Konfetti Club sollen alle eine schöne Zeit haben und kreativ sein können. Dabei kann jeder nach seinem Geschmack und in seinem Tempo gestalten. Die Schwestern sind überzeugt: „Kreativität steckt in jedem, auch wenn manche zu Beginn noch an ihrem Talent zweifeln, am Ende sind alle stolz auf die eigenen Kreationen.“ Katharina und Theresa sind glücklich, wenn sie das Leben mit schönen Dingen noch schöner machen und andere dazu inspirieren können – so wie mit den selbst kreierten Blumenkränzen in farbenfrohem oder auch ganz natürlichem Stil, die für gute Laune sorgen und ein Lächeln ins Gesicht zaubern.

● Konfetti Club, Ketschendorfer Straße 41a, 96450 Coburg, Workshops nach Abstimmung auch mit flexibler Location, Tel. (01 76) 80 30 61 19
www.konfetti-club.de
● ÖPNV: Bus 1, 6/66, 10, 400, 8319, Haltestelle Klinikum

CLUB

Süße Identität

24 Hoflieferant Feyler: Lebkuchenmanufaktur

Denkt man als Coburger an die Weihnachtszeit, kommen einem die aromatischen Elisenlebkuchen und die im Volksmund genannten „Schmätzle“ vom Hoflieferanten Feyler in den Sinn. Ein Biss in diese Klassiker versetzt einen in das Jahr 1892 – das Jahr, in dem die Originalrezepturen entstanden, nach denen die Leckereien noch heute in traditioneller Handwerkskunst hergestellt werden. Die Vestestadt war damals neben Nürnberg eine bekannte Lebkuchenstadt, die Lebküchner hatten eine eigene Innung. Über die Handelsstraßen, die durch Coburg führten, konnten die Zutaten einfacher bezogen werden. Auch die Bürger fanden immer mehr Gefallen an den Spezialitäten, die zuvor hauptsächlich in Klosterküchen und Apotheken zu finden waren. Wilhelm Feyler erkannte die Chance und eröffnete 1892 seine Bäckerei und Lebkuchenmanufaktur. Neben den beliebten Lebkuchen erfand er eine weitere Besonderheit – das Coburger Schmätzchen. Als Basis dieses Honiggebäcks diente ihm die traditionelle Pfeffernuss aus seiner Kindheit. Er verfeinerte dieses einfache Gebäck mit 12 Gewürzen, bis daraus eine erlesene Spezialität entstand. So erlesen, dass sie bald auch im Herzoghaus sehr beliebt war und der Feyler 1907 zum Hoflieferanten ernannt wurde. Heute noch wird das schwedische Königshaus beliefert, und auch aus Australien, Mexiko und den USA gehen Bestellungen ein.

TIPP
Die Lebkuchen in verspielten, traditionellen Blechschatullen kaufen.

Als sich Urenkel Peter Feyler fast 100 Jahre später entschied, das Familienunternehmen weiterzuführen, stand für ihn fest: Diese einzigartige Tradition gilt es zu bewahren. Heute ist der Feyler eine der ältesten noch bestehenden Lebküchnereien Deutschlands und erfindet sich dabei immer wieder neu: Es ist eine Kombination aus seit Generationen überlieferten Rezepturen und Neuinterpretationen, wie vegane Lebkuchen mit Kokosblütenzucker, Vollkornlebkuchen oder auch glutenfreie Varianten. Dieser Glücksort lässt einen von alten Zeiten träumen und überrascht zugleich mit erfrischend modernen Variationen.

● Wilhelm Feyler Hoflieferant Bayer. Lebkuchen und Feingebäckfabrik, Rosengasse 6–8, 96450 Coburg, Tel. (0 95 61) 8 04 80, www.feyler-lebkuchen.de
● ÖPNV: Bus 2, 3, 4, Haltestelle Albertsplatz

ant Coburg ✳ Hofbäckerei Lebkuche
WILHELM FEYLER
Hoflieferant
Lieferant vieler fürstlicher Häuser
COBURG
VESTE COBURG.
Handelsmarke: ges. geschützt.
Echte Feylers
Coburger Schmätzchen

Nächtliche Erkundungstour

25 Coburger Museumsnacht

Die Stadt ist in sanftes Licht getaucht – bunte Farbspektakel tanzen auf den Fassaden der Coburger Innenstadt. Von Weitem wehen rhythmische Klänge herüber, die einen mitwippen lassen. Mit erfrischenden Getränken und leckeren Spezialitäten kann man sich zwischendurch stärken. Die jährliche Coburger Museumsnacht ist ein magisches Event von ganz besonderem Charme, das die Glücksorte buchstäblich in ein anderes Licht taucht. Nicht von ungefähr trägt sie den Namen „Nacht der Kontraste". In dieser Sommernacht öffnen nicht nur sämtliche Museen der Innenstadt ihre Türen, sondern auch andere architektonische Highlights und geschichtsträchtige Orte mit teilweise blaublütigen Wurzeln bekommen eine besondere Bühne. Mit nur einem Ticket kann man beispielsweise auf faszinierenden Spuren in Schloss Ehrenburg, der Landesbibliothek und der Veste Coburg wandeln, sich das historische Bürglaßschlösschen mit seinem traumhaft schönen Trausaal ansehen, eine Ausstellung im Kunstverein besuchen oder hinter die Kulissen der Reithalle und des Landestheaters schauen. Dabei ist oftmals bereits der Weg das Ziel: In einem Jahr setzten umfunktionierte Lampen-Regenschirme leuchtende Akzente im Hofgarten auf dem Weg zur Veste.

TIPP

Noch mehr Kunst bei den jährlich stattfindenden Coburger Designtagen entdecken.

Die Coburger Museumsnacht im September ist bei Touristen und Einheimischen gleichermaßen beliebt – man sollte sie unbedingt mindestens einmal erlebt haben. Die leuchtende Nacht bietet die einzigartige Möglichkeit, die gesamte Stadt auf besondere Weise und quasi im Schnelldurchlauf kennenzulernen oder die schönsten Ecken der eigenen Heimat noch einmal neu zu erkunden. Diese besonders beliebte Kulturveranstaltung umgibt ein ganz eigenes Flair und ein jeder findet hier sicherlich seinen persönlichen Glücksort.

● Museumsnacht, Coburger Innenstadt

Momente zum Staunen

26 Lindenkranz am Veitsberg in Ebensfeld

Nur nach oben zu schauen, reicht nicht aus. Man muss sich leicht nach hinten beugen, um bis in die Spitzen der Linden zu sehen. Durch das dichte grüne Baumkleid spitzt immer wieder die Sonne hindurch. Die Blätter bewegen sich im Wind und man hört ein entspannendes Rauschen. Ein romantischer und wirklich magischer Ort, der einen ganz in seinen Bann zieht! Die über 200 Jahre alten, kraftvollen Linden am Veitsberg bilden gemeinsam den größten geschlossenen Lindenkranz in Europa. In ihrer Mitte steht die kleine, namensgebende, barocke St. Veit-Kapelle, die im Sommer kaum zu erkennen ist, so prächtig blühen die gigantischen Bäume. Die Einheimischen nennen den Berg, der eigentlich Ansberg heißt, deswegen schon lange Veitsberg. Mittlerweile ist dies auch in seinem offiziellen Namen aufgenommen: Ansberg (Veitsberg).

TIPP

Unter den alten Linden mit Blick auf den Staffelberg picknicken – mehr Natur geht nicht.

Kommt man vom Wanderparkplatz in Ebensfeld über den Waldweg auf den Berg, fällt der Blick als Erstes auf den geschlossenen Lindenkreis. Umgeben von weiten Wiesen und Feldern thronen die prächtigen Bäume auf dem Veitsberg und wirken wie nicht von dieser Welt. Passenderweise ist er der Hausberg von Markt Ebensfeld, das auch als „Tor zum Gottesgarten" bezeichnet wird.

Doch nicht nur der Lindenkreis fasziniert, auch der Ausblick auf das Obere Maintal ist gigantisch. Man kann weit in das Coburger Umland sehen, zu den Gleichbergen, nach Kloster Banz und Vierzehnheiligen hinüber oder den Staffelberg und Alten Staffelberg aus einer anderen Perspektive betrachten. Die Namen und Positionen der umliegenden Orte und Berge liest man auf einer gewölbten Informationstafel. Bei dieser Aussicht wird keine Sehnsucht nach dem 6350 Kilometer entfernten New York aufkommen, dessen Himmelsrichtung ebenfalls angezeigt ist.

Auf dem Veitsberg genießt man die Ruhe und Natur, lauscht dabei dem Rauschen der Bäume, während der Blick in die Ferne oder Nähe zu den einzelnen Linden schweift. Dieser magische Glücksort hält viele Momente zum Staunen bereit.

- Veitsberg, Kutzenberg 7, 96250 Ebensfeld
- ÖPNV: Bus 1251 (teilweise mit Voranmeldung), Haltestelle Dittersbrunn

Von Rittern & Royals

27 Schloss Rosenau in Rödental

Morgendliche Sonnenstrahlen fallen in die kleine, kreisrunde Bibliothek mit ihren deckenhohen Wandschränken. In der Zeit von Herzog Ernst I. standen hier Ritterromane. Das kam nicht von ungefähr: Anfang des 19. Jahrhunderts gestaltete er das Schloss zu seinem Sommersitz um – im Stil der Neugotik mit einem romantischen Rückgriff auf ein mittelalterliches Aussehen. Anlässlich seiner Hochzeit 1817 weihte er es standesgemäß mit einem Ritterturnier ein. Gefeiert, getanzt und gelacht wurde sicherlich auch im Rittersaal; heute trägt er aufgrund des reichen Stuckmarmors und der vergoldeten Ornamente den Namen Marmorsaal. Die eleganten Flügeltüren und vergoldeten holzgeschnitzten Lüster wurden in Wien gefertigt und setzen dem mittelalterlichen Erscheinungsbild die Krone auf. Der Herzog kreierte einen Ort, der „fürstlichen Glanz mit ländlicher Einfachheit" verbinden sollte. Das wird besonders spürbar, wenn man über den steinernen Turm in die ehemaligen Wohn- und Gesellschaftszimmer gelangt. Die farbigen Wände im neugotischen Stil sind Hingucker, am blauen Gesellschaftszimmer kann man sich kaum sattsehen. Das erging den zahlreichen Royals, die Schloss Rosenau besuchten, vermutlich nicht anders, wie „Fergie", Herzogin von York oder Königin Silvia aus Schweden mit ihrer Familie. Selbstverständlich waren auch Königin Victoria von Großbritannien mit ihrem Mann Prinz Albert zu Gast, schließlich wurde er auf Rosenau geboren und getauft. Ihr berühmter Satz „Wäre ich nicht, was ich bin, hätte ich hier mein wirkliches Zuhause" ist nur zu verständlich. In Windsor Castle erinnern deswegen Aquarelle an ihren Herzensort Schloss Rosenau – Reproduktionen sind im Schloss ausgestellt. Diese dienten 1990 unter anderem als Vorlage, um die Wand- und Deckenmalerei zu rekonstruieren. Auch wenn die originalen Einrichtungsgegenstände nicht mehr alle erhalten sind, regt die Detailfülle die Fantasie an – und zwar nicht nur im Raum „Berge Helvetiens", in dem stattdessen Weinreben abgebildet sind.

TIPP

Die alten Schwarz-Weiß-Fotografien bestaunen.

● Schloss Rosenau, Rosenau 1, 96472 Rödental, Tel. (0 95 63) 30 84 10
www.schloesser-coburg.de

Urban Jungle Flair

28

Café Picknick

Der Löffel taucht in das warme, würzige Thai-Mango-Curry mit Huhn und Reis, der wohltuende Duft von kräftigen Gewürzen steigt einem in die Nase. Der Blick schweift durch die großen Fenster nach außen in die Seitenstraße zum Markt. Das Café Picknick mit seinen vielen Pflanzen fühlt sich an wie ein kleiner Urban Jungle. Warme Farben bestimmen die Inneneinrichtung, charmante Flohmarktfunde geben dem Raum Flair. Das farbenfrohe Spiel setzt sich in der Speisekarte fort: Da gibt es wahlweise Kürbis-Curry mit Belugalinsen, Huhn oder Tofu mit Reis, Kichererbsen Tikka-Masala oder Erbsencreme-Minz-Suppe. Der Gründerin des Cafés Julia Knoth fehlte in Coburg eine gesunde alternative Ernährung – also entwickelte sie die Idee für das Café Picknick. Heute bietet sie ihren Gästen eine hausgemachte, frische und saisonale Küche: heiße Suppen, einheizende Currys und knackige Salate. Auf der täglich wechselnden Karte findet man aber auch verführerische süße Schlemmereien. Denn: Platz für einen Nachtisch hat man bekanntermaßen immer, kein Wunder, dass „Mamas Käsekuchen" mit knackig-luftiger Baiserhaube der Renner ist.

TIPP

Die umweltfreundlichen Take-away-Behälter für Speisen und heiße Getränke wiederverwenden.

Alle Speisen bereitet die gelernte Ernährungsberaterin Julia gemeinsam mit ihrem Team zu. Dabei legt sie Wert auf die Zutaten einer ausgewogenen, abwechslungsreichen Ernährung: viel Gemüse, Obst, Hülsenfrüchte, Vollkornprodukte und wohltuende Gewürze. Im Picknick kann man sein Gericht größtenteils selbst zusammenstellen. Fleischbällchen, Falafel oder Huhn und Kichererbsen oder Reis als Beilage? Julia ist es wichtig, dass jeder selbst entscheiden kann, wie er sich ernähren möchte. Im Picknick sind alle willkommen – ob Fleischliebhaber, Flexitarier oder Veganer und natürlich alle Menschen, die einfach gern Neues ausprobieren. Wie der Name des Cafés verrät, können die Speisen auch mitgenommen werden – vielleicht findet das Picknick dann ganz klassisch auf einer Wiese statt?

- Picknick coffee & snacks, Kirchgasse 1, 96450 Coburg, Tel. (0 95 61) 3 57 59 92
www.facebook.com/picknick.co
- ÖPNV: Bus 1, 4, 5, 6/66, 7, 10, Haltestelle Ehrenburg

Das Runde muss ins Runde

29 Minigolf spielen in Lichtenfels

Die ganze Konzentration ist auf den kleinen, bunten Ball gerichtet. Das Loch, in das er fallen muss, ist gefühlt nur einen Wimpernschlag entfernt. Die Spannung ist greifbar, der Spaßfaktor groß. Minigolf ist eine absolut empfehlenswerte Beschäftigung – für die Familie, für Pärchen oder einen Ausflug mit Freunden. Oftmals beginnt der Besuch einer Minigolfanlage mit den Worten: „Wir könnten doch mal wieder …" Auf den 18 Bahnen blüht dann manch unentdecktes Talent auf. Neben zickzackförmigen Feldern, kreativen Formen oder auch einem kurzen Stück Wiese, das überwunden werden muss, warten verschiedene Schwierigkeitsgrade und obendrein die ganze Palette an Gefühlsregungen: pure Begeisterung, Enttäuschung, Frustration, Überraschung und Freude.

TIPP

Wer noch nicht genug hat: PitPat-Fans können eine Extrarunde drehen.

Die Minigolfanlage in Lichtenfels, seit über 60 Jahren in Familienbesitz, ist besonders schön gestaltet: Sie verläuft stufenartig über verschiedene Ebenen und ist in eine grüne Naturlandschaft aus Hecken und Bäumen eingebettet. Blühende Rosen, geflochtene Korb-Accessoires – passend zur Deutschen Korbstadt Lichtenfels – geben der Bahn eine besondere Note, ein klingendes Windspiel sorgt für die passende Hintergrundmusik. Wenn man sich an einem lauen Sommerabend von Bahn zu Bahn bewegt, kommt so etwas wie ein mediterranes Urlaubsgefühl auf. Vor allen Dingen die liebevoll angelegte natürliche Umgebung macht Minigolfspielen hier zum Erlebnis. Es ist ein großer Spaß, sich in einem kleinen Wettkampf zu messen oder gemeinsam den Ball anzufeuern, in das Loch zu fallen. Ob als Tageshighlight oder Beschäftigung für zwischendurch, eine Partie Minigolf ist immer eine gute Idee. Und wenn man wieder an einer der Bahnen steht, fragt ganz sicher jemand, wieso man nicht viel öfter auf die Idee kommt: „Wir könnten doch mal wieder …"

- Minigolfanlage Lichtenfels, Alte Coburger Straße 40, 96215 Lichtenfels, Tel. (0 95 71) 39 04, www.minigolf-lif.de
- ÖPNV: Bus 1204, Haltestelle Hindenburgstraße

Schmeckt nach Sommer

30 Erdbeer-Selbstpflückfelder rund um Coburg

Sie gehören zum Sommer wie kitzelnde Sonnenstrahlen und der Geruch von Sonnenmilch – frische Erdbeeren. Ob im Dessert, auf dem Kuchen, als erfrischendes Eis, in cremigem Quark oder einfach pur, kaum jemand kann den kleinen roten Früchten widerstehen. Ein kleiner Wissenshappen zur beliebten Sommerfrucht: Die Erdbeeren gehören zur Familie der Rosengewächse. Genau genommen sind sie gar keine Beeren, sondern Scheinfrüchte, die kleinen Nüsschen auf der Erdbeere sind die eigentlichen Früchte.

Keine Frage: Die Erdbeere ist ein wunderbarer Sommergenuss. Wer sich besonders gut mit ihr auskennt, ist Familie Bayer. Seit mehr als 30 Jahren baut die Familie Erdbeeren an, denn auf den fränkischen Böden gedeihen die qualitativ hochwertigen Früchte hervorragend. An den Verkaufsständen werden täglich geerntete Erdbeeren angeboten, da nur die frischen Früchte die wertvollen Inhaltsstoffe und intensiven Aromen enthalten. Noch frischer sind sie nur beim Selbstpflücken. Mit der Schüssel in der Hand hockt man zwischen den roten Früchtchen. Und statt ins mitgebrachte Gefäß wandert die ein oder andere Erdbeere gleich in den Mund. Schließlich muss man sich vom Geschmack selbst überzeugen. Ein Glücksort, der nicht nur superlecker schmeckt, sondern auch sehr viel Spaß macht! Das Selbstpflücken ist ein Geschmackserlebnis für Klein und Groß. Auch wenn der Tipp fast überflüssig erscheint, idealerweise sollte man Erdbeeren schnell essen oder verarbeiten; sie können aber auch im Kühlschrank für die nächsten Tage frisch gehalten werden. Wer besonders viele gesammelt hat, kann sie auch einfrieren, um den Sommer noch im Herbst genießen zu können. Apropos genießen: Leckere Rezepte findet man auf der Webseite des Familienunternehmens. Doch der Kreativität für eigene süße oder deftige Kombinationen sind keine Grenzen gesetzt, fest steht: Pur schmecken sie immer.

TIPP

Ein weiteres kulinarisches Highlight: Himbeeren selbst pflücken!

● Bayer´s Franken Erdbeeren, Erdbeer-Selbstpflückfelder und Himbeer-Selbstpflückfeld: wechselnde Orte, weitere Informationen unter: www.erdbeerenbayer.de, Tel. (0 92 61) 6 47 53

Frisch aufgebrühtes Glück

31

Bewusster Kaffeegenuss im Café Siebträger

Der Duft von frisch gemahlenen Kaffeebohnen liegt in der Luft. Das Geräusch, wenn der Espresso durch die italienische Siebträgermaschine in die Tasse läuft, klingt wie Musik in den Ohren und sorgt für ein echtes Glücksgefühl. Das findet auch Besitzerin Katharina Beier, denn Glück bedeutet es für sie, bei einer guten Tasse Kaffee einfach die Seele baumeln zu lassen. Zurücklehnen, bewusst genießen und Qualität schmecken – das Credo im Café Siebträger. Angesprochen werden alle, die hochwertigen Kaffee zu schätzen wissen und ein besonderes Geschmackserlebnis erfahren möchten. Das Prinzip der Third Wave Kaffeerevolution lautet: bewusster und nachhaltiger Genuss mit transparenter Herstellung. In Australien kamen Katharina und ihr Mann Tony zum ersten Mal mit dieser besonderen Art des Kaffeetrinkens in Berührung. Ihre Begeisterung war so groß, dass sie sich weiterbildeten und mit einem Kaffeefahrrad ein mobiles Catering starteten. 2018 beschlossen sie dann, sesshaft zu werden: Sie eröffneten das Café Siebträger. In dem schnuckeligen Café in einer Seitengasse zum Marktplatz kann man Espresso und Caffè Crema aus sechs verschiedenen Sorten wählen. Allen Bohnen gemeinsam: Sie sind von hervorragender Qualität und werden aus der fränkischen Rösterei Espressone in Cadolzburg bezogen. Dort werden sie im traditionellen Trommelröstverfahren handgeröstet – schonend und bei niedriger Temperatur. Katharina und Tony haben sich in den letzten Jahren durch zahlreiche Röstungen probiert, um für jeden Geschmack die passende Bohne anbieten zu können. Apropos passend: Das Kaffeegeschmackserlebnis kann natürlich mit einem Croissant, Frühstücksvariationen, Kuchen, wechselnden Desserts oder auch herzhaften Snacks abgerundet werden.

TIPP

Highlight direkt am Tisch: Filterkaffee aus dem Porzellanfilter – frisch aufgebrüht vom Barista.

● Café Siebträger, Rosengasse 16, 96450 Coburg, Tel. (0 95 61) 8 53 56 45, www.cafesiebtraeger.de

● ÖPNV: Bus 2, 3, 4, Haltestelle Albertsplatz

Rapunzel, Rapunzel

32

Turm im Lichtenfelser Herberg

Hier fühlt man sich direkt zwischen die Zeilen des bekannten Märchens der Gebrüder Grimm versetzt und wartet nur darauf, dass Rapunzel gleich auf den Balkon tritt und ihr goldenes Haar herunterlässt. Der Aussichtsturm im Lichtenfelser Herberg weckt Kindheitserinnerungen. Vom kleinen Parkplatz am Eingang des Herbergs aus, gelangt man zu Fuß innerhalb kürzester Zeit zu dem Turm aus Sandstein, den sich die Bevölkerung gegen Ende des 19. Jahrhunderts gewünscht hat. Auf dem damals schönsten Punkt der Stadt, dem Herberg, sollte er errichtet werden. Auch private Spenden trugen dazu bei, dass 1903 der Grundstein gelegt wurde. Gebaut wurde auf Initiative des Verschönerungsvereins Lichtenfels, der Turm sollte ein Denkmal für Kriegsteilnehmer und Gefallene des deutsch-französischen Krieges sein. Dieses Datum ist auch in den Turm eingemeißelt, als Sieges-Aussichtsturm wurde er erst ein Jahr später bei einer feierlichen Übergabe an die Stadt Lichtenfels eingeweiht. Die Mitglieder des Verschönerungsvereins hatten freien Eintritt: Für nur eine Mark pro Jahr erhielten sie sogar einen eigenen Turmschlüssel. Doch auch Nichtmitglieder konnten den Turm besteigen, es kostete damals nur 10 Pfennige. 30 Jahre nach dem Bau wurde er offiziell zum Bismarckturm umbenannt – Lichtenfelser kennen ihn jedoch unter dem Namen Herbergturm oder Hohe Warte.

TIPP
Ganz in der Nähe gibt es einen Minigolfplatz: Erst eine Runde spazieren, dann eine Runde spielen.

Damals hatte man aus den Fenstern sicher einen fantastischen Panoramablick bis zur Veste Coburg. Mittlerweile ist der Turm marode und kann nicht mehr besichtigt werden, doch allein sein Äußeres reicht vollkommen aus, um einen in seinen Bann zu ziehen. Für noch mehr märchenhaft-magische Stimmung sorgen die geschwungenen Wege und die Bäume, die sich sanft im Wind wiegen. Hin und wieder wird die Stille von ein paar vereinzelten Wanderern und Mountainbikern unterbrochen, die das Auf und Ab der schmalen Pfade ebenfalls glücklich zu machen scheint.

- Turm im Herberg, 96215 Lichtenfels
- ÖPNV: Bus 1204, Haltestelle Hindenburgstr.

Die richtige Portion

33

Alles nachhaltig in Lin's Unverpackt-Laden

Kekse, Schokolade und getrocknete Früchte in Gläsern: Manch einen erinnert das an die Zeit, als man sich als Kind beim Bäcker oder im Süßwarenladen selbst eine bunte Auswahl zusammenstellen konnte – das Prinzip in Lin's Unverpackt-Laden: Hier füllt man sich in mitgebrachte oder vor Ort gekaufte Gläser und Baumwollbeutel genau die Mengen ab, die man benötigt.

Schon die alten Römer wussten: Ein gesunder Geist wohnt in einem gesunden Körper – im Unverpackt-Laden gibt es von Lebensmitteln über Kosmetikartikel bis zu Reinigungsartikeln eine große Auswahl, um seinem Körper und der Umwelt Gutes zu tun. „Heute ist Mandelmustag", steht auf dem Schild vor der silbernen Mus-Maschine geschrieben. Klingt lecker, ist gesund und wird im Unverpackt-Laden superfrisch hergestellt. Mit der zusätzlichen Getreidemühle kann direkt vor Ort und ohne Zusatzstoffe geflockt werden. Durch das Befüllen wiederverwendbarer Behälter, die im Laden von Lin und Thomas Lin auch aus Zuckerrohr oder nachwachsenden Mineralien bestehen, entsteht keinerlei Plastikmüll. So wird auch die Neuproduktion nicht nachhaltiger Produkte vermieden. Ein weiteres Prinzip in Lin's Unverpackt-Laden: Entschleunigung. Man stöbert in Ruhe, entdeckt neue Produkte für einen nachhaltigen Alltag und überlegt, ob man mit Bio Knabber-Crunch oder lieber mit Dinkel Tropical Müsli in den Tag starten möchte. Nimmt man von beidem kleine Kostproben, kann man gleich mehrere Geschmacksrichtungen probieren. Das gilt auch für die Schokoladenauswahl, denn wer möchte sich schon zwischen Bio Mandel-Orange, Bio Dunkler Blaubeerschokolade oder Bio Coffee Kick entscheiden müssen? Was nicht fehlen darf: Pflegeprodukte für die persönliche Auszeit. An einer Station kann man sich Aprikosenshampoo, Sheabodybutter und Handcreme abfüllen, die passende Auswahl an festen Conditionern, Seifen und hölzernen Seifenschalen gibt es gleich dazu. Ein Ort, der die Sinne verwöhnt und genau die richtige Portion Glück bereithält.

TIPP

Spezialitäten in der Frischetheke am Eingang entdecken.

- Lin's Unverpackt Coburg, Steinweg 10, 96450 Coburg, Tel. (0 95 61) 7 09 01 88 www.unverpackt-coburg.de
- ÖPNV: Alle Linien, Haltestellen Theaterplatz, Mohrenstraße

Übersprudelndes Glück

34 Obermain Therme in Bad Staffelstein

Zurücklehnen, dem Geräusch des blubbernden Wassers lauschen, die Wärme spüren und den Blick schweifen lassen. So geht Tiefenentspannung. Ist ein Sprudelgang beendet, wählt man einfach den nächsten der drei stufenartig angeordneten Whirlpools im Außenbereich. Absolut herrlich! Sich auf fast 3000 Quadratmetern Wasserfläche und rund 15.000 Quadratmetern Saunalandschaft einen einzigen Glücksort auszusuchen, ist ehrlich gesagt unmöglich – es sind viele kleine, die man in der Obermain Therme findet. „Salz auf der Haut, Glück im Sinn" – wie an einem Tag am Meer: Dafür steht Bayerns wärmste und stärkste Thermalsole und das spürt man. Wo heute entspannt wird, bedeckte vor Jahrmillionen ein tropisches Urmeer die Landschaft. Aus 1600 Metern Tiefe sprudelt die Thermalsole mit 52 Grad und einer Mineralisierung von 12 Prozent aus der Erde. Die Badebecken sind mit 28 bis 36 Grad besonders warm, die Konzentration der Sole wird dort auf 3,5 Prozent, im Aktivbecken auf 1,5 Prozent gesenkt. Wem das nicht reicht, der genießt die original Thermalsole in Wellnessanwendungen.

Besonders wichtig: Zwischen aktiven Fitnessprogrammen, Dampfbad oder Whirlpools Ruhepausen einlegen. Ob man sich bei schönem Wetter draußen in einem Liegestuhl von der Sonne kitzeln lässt oder sich bei kalten Temperaturen drinnen einkuschelt: Entspannung steht an erster Stelle. Ein weiteres Highlight ist die gigantische 5-Sterne-Premium-Saunalandschaft mit traditionellen Holzhütten und vielfältigen Aufgüssen, besonders beliebt: die Sanfte Sole. Daneben laden ein jadegrüner Naturbadesee mit Schilf und ein Eisbrunnen zum Abkühlen ein, um sich danach im Loungebereich mit Kamin auszuruhen. Auch in der Saunalandschaft ist Sole ein Thema, in der Suola Sauna befreit das mittels Gradierwerk vernebelte Salz die Atemwege und lässt einen wohltuend tief durchatmen – ein echter Energiebooster. Solch einen Tag am Meer möchte man am liebsten endlos ausdehnen.

TIPP

Bei der meditativen Klangschalen-Entspannung in der Sauna der Stille vom Alltag abschalten.

- Obermain Therme, Am Kurpark 1, 96231 Bad Staffelstein, Tel. (0 95 73) 9 61 90 www.obermaintherme.de
- ÖPNV: zahlreiche Zugverbindungen, Haltestelle Bad Staffelstein, Bus 1211, 1212, Haltestelle Obermaintherme

Moderne Tradition

35

Gasthof Zum Anker in Unnersdorf

Wo sonst Tomaten reifen, werden hier gefüllte Ochsenherztomaten auf Steintellern serviert: in den hippen Gewächshäusern des traditionsreichen Gasthofs Zum Anker. Bereits auf den ersten Blick ist klar, dass die Moderne eingezogen ist. Unter prächtigen Kastanienbäumen stehen die gläsernen Häuser, von deren Decken schwarze Industrielampen hängen. Man sitzt gemütlich beisammen und lässt seinen Blick auf den Main oder abends in den Sternenhimmel schweifen. Besonders praktisch: Selbst bei Regen hat man das Gefühl, inmitten der Natur zu sein. Doch spätestens, wenn serviert wird, richtet sich der Blick auf den kunstvoll angerichteten Teller – fränkische Speisen werden von Chefin Laura Bauer modern interpretiert. Sie führt den Gasthof bereits in sechster Generation. Bevor sie ihre Heimat kulinarisch neu entdeckte, tauschte sie den Main gegen die Weltmeere und arbeitete als Köchin auf einem Kreuzfahrtschiff, lernte andere Länder, Kulturen und deren Kulinarik kennen. Bei der Speisekarte im Gasthof Zum Anker setzt sie allerdings auf die heimische Region. Die Zutaten liefern ihr Produzenten und Bauern aus der Umgebung. Die Verarbeitung der hochwertigen lokalen Produkte ist für Laura bereits ein Genuss, den ihre Gäste dann bei den liebevoll zubereiteten Speisen schmecken. Einige Gerichte der fränkisch-gehobenen Küche werden im ebenfalls modernen Innenraum des Gasthofes auf einer Tafelleiste angeschrieben: gebratenes Zanderfilet mit Meerrettich-Wirsing und Salzkartoffeln oder geschmorte Ochsenbäckchen mit Kartoffelpüree. Die Karte ändert sich mit der Saison, aber stets beliebt ist das mit Bergkäse, Speck und Frühlingszwiebeln gefüllte Schnitzel. Im familiengeführten Gasthof Zum Anker bringt die passionierte Gastronomin mit ihrem Team auf scheinbar leichte Weise beliebte Klassiker zeitgemäß neu auf die Teller – saisonal, regional, voller Geschmack und dabei ansprechend angerichtet.

TIPP

Einer der Klassiker im Gasthaus: der Ankerspieß, im Herbst auch als wilde Variante.

- Gasthof Zum Anker, Am Main 3, 96231 Bad Staffelstein/Unnersdorf, Tel. (0 95 73) 50 73, www.ankerkanu.de
- ÖPNV: Bus 1253 (teilweise mit Voranmeldung), Haltestelle Unnersdorf Brücke

36

Waldklettergarten Banz

Schritt für Schritt geht es nach oben, die Holzbalken unter den Füßen wackeln – Balance, Konzentration und eine ordentliche Portion Mut sind gefragt, denn an diesem Glücksort befindet man sich einige Meter über dem Boden: im Waldklettergarten Banz. Mit Gurt und Karabinern geht es beispielsweise über Netze oder Holzstreben von Plattform zu Plattform. Für den besonderen Adrenalinkick sorgen die Seilbahnen. Man klickt sich ein, lässt sich fallen und schwingt sich ein bisschen wie Tarzan von Baum zu Baum zur nächsten Station.
Doch bevor man ins actionreiche Abenteuer startet, gibt es eine kurze Einweisung, um das Sicherheitssystem aus Karabinern zu verstehen und einzuüben. Der Helm wird aufgesetzt, das Gurtsystem individuell eingestellt und los geht's auf die Tour im über 14.000 Quadratmeter großen Gelände. Erwachsene klettern selbstständig, Kinder von 6 bis 11 Jahren nur in Begleitung mitkletternder Erwachsener. Das Team des Klettergartens ist sicherheitshalber immer in der Nähe. Ob Anfänger oder Profi – die verschiedenen Schwierigkeitsstufen sind einfach farbig markiert, sodass jeder sein individuelles Level findet. Auf die Kleinen wartet der 1,50 Meter hohe blaue Parcours, auf dem ab 6 Jahren unter elterlicher Aufsicht erste Kletterversuche gemacht werden können. Die gelbe Kletterroute liegt dann bereits in luftigen 5 Metern Höhe, für die Profis geht es sogar bis auf 15 Meter hinauf. Selbst bei den Einsteigerrouten braucht es etwas Mut, der mit unfassbar viel Spaß belohnt wird, wenn man sich nur traut! Inmitten der hohen Bäume und vielseitigen Hindernisse muss man ganz auf sich konzentriert sein und vergisst dabei inmitten der Natur schnell seinen Alltagsstress. Eine Stärkung nach der sportlichen Aktivität hält die Waldschänke bereit. Das Fazit: Der Waldklettergarten ist ein kleines Abenteuer mit dem besonderen Adrenalinkick, das die Glücksgefühle noch eine ganze Weile auf ungeahnten Höhen hält.

TIPP

Auf Bänken unterhalb des Klettergartens mit Blick auf Kloster Banz und Vierzehnheiligen entspannen.

- Waldklettergarten Banz über Kloster Banz, 96231 Bad Staffelstein, Tel. (0 95 73) 22 25 70
- ÖPNV: Bus 1254 (teilweise mit Voranmeldung), Haltestelle Kloster Banz

Hipster & Lokalkolorit

37 Auf einen Burger ins Hanskaschber

Sie heißen Lachs Dachs, Rosa Zupfhuhn, Hulk oder Gemüseding. Sie erinnern an einen Spaziergang über taufrische Wiesen, einen zünftigen Hüttenabend oder einen vollen Gemüsekorb: die Burgerkreationen im Hanskaschber in Coburg. Wenn man das hippe Restaurant betritt, glaubt man, einen Kurztrip nach Berlin, London, Dublin oder New York unternommen zu haben. Die urbane Inneneinrichtung im Industrielook lässt das vermuten, doch stattdessen befindet man sich an einem Ort mit Geschichte. Einen Hinweis gibt die alte Neonröhre auf dem freigelegten Mauerwerk mit seinen roten Backsteinelementen – „Theater" steht hier in geschwungener Schrift. Wo früher nach dem Theaterbesuch Kaffee und Kuchen im Café kredenzt wurde, werden heute originelle Burgerkreationen, auch vegetarische und vegane, serviert. Nicht nur der Klassiker, der Hansburger mit saftigem Rind, knusprigem Brioche Bun, knackigen Röstzwiebeln, Cheddar vom Block, Salat, Gurke, Tomaten und Cocktailsoße überzeugt, sondern auch die Kombinationen mit Spinatsalat, eingelegten Zwiebeln, Halloumikäse oder Lachs begeistern.

TIPP

Mehr als nur Pommes – die Hulk-Variante mit Avocadocreme, Tomaten und Sour Cream.

Dazu gibt es natürlich fränkisches Bier, aber auch Cocktails oder hausgemachte Eistees und Limos, wie fruchtiger Pfirsich mit scharfem Ingwer. Das Konzept: Eine ausgewählte Karte mit maximal zehn wechselnden Burgern, zusammengestellt aus saisonalen Produkten der Region. Das Fleisch kommt vom fränkischen Weidebetrieb, die Salate von Neustädter Landwirten. Noch näher ist nur der eigene Backofen, in dem die Buns nach Art des Hauses gebacken werden. Und natürlich ist auch der Name Hanskaschber durch und durch fränkisch. Er steht dafür, alles nicht so ernst zu nehmen, das Leben zu genießen und auch mal Neues zu wagen – wie passend für die leckeren Burgerkreationen.

- Hanskaschber Burger & Bar, Theatergasse 5, 96450 Coburg, Tel. (0 95 61) 709 60 22, www.hanskaschber.de
- ÖPNV: alle Linien, Haltestelle Theaterplatz

Theater

Magisches Wintermärchen

38

Coburger Weihnachtsmarkt

In der Vorweihnachtszeit wird der kräftige Bratwurstduft, der sonst über den Coburger Marktplatz weht, von gerösteten Maronen, Zimt und Zucker auf süßen Crêpes, wärmendem Glühwein und den französisch-oberfränkischen Galettes abgelöst. Wenn man durch einen der vielen kleinen mit Tannengrün geschmückten Eingänge den Weihnachtsmarkt betritt, fühlt man sich wie in das verzauberte Wunderland von Narnia versetzt. Glitzernde Lichterketten, rustikale Holzbuden, das Klingeln des nostalgischen Kinderkarussells, die traditionelle Krippe und die herrlichen Düfte machen einen Besuch des Weihnachtsmarktes zu einem magischen Erlebnis. Das besondere Flair zieht sich bis in die Seitengassen, die mit Lichterketten und leuchtenden Straßennamen-Girlanden geschmückt sind. Die historischen Gebäude rings um den Markt werden von Spots angeleuchtet, so als wollten sie sagen: „Schaut her, wie schön wir sind!". Doch über allem strahlt der meterhohe Weihnachtsbaum mit seinen winzigen Tausenden Lichtern. 2016 zierte ein Coburger Baum auch den Platz vor dem Buckingham Palace: ein Geschenk an die Queen als Zeichen der blaublütigen Verbindung. Denn es war ihr Ururgroßvater Prinz Albert, der die Weihnachtstradition – und jährlich einen Baum – aus seiner fränkischen Heimat nach England holte.

TIPP

Flair & Handwerkskunst bieten auch die Weihnachtsmärkte der Umgebung, wie am Wasserschloss Mitwitz.

Für die ganz besondere Gemütlichkeit des Coburger Weihnachtsmarktes sorgt aber auch die kreisrunde Anordnung der über 40 Holzbuden. Von innen wärmt man sich mit Kakao oder Glühwein auf, die stilvoll in Tassen mit Motiven der Coburger Veste oder des Marktplatzes ausgeschenkt werden. Besondere Geschenkideen erhält man von Ausstellern des lokalen Kunsthandwerks, denen man manchmal sogar bei der Herstellung zusehen kann. Der Weihnachtsmarkt erfreut sich seit Jahren großer Beliebtheit, weshalb es vor allem an den Wochenenden nicht so leicht ist, einen Platz zu ergattern. Doch hat man sein Eckchen gefunden, zieht einen die vorweihnachtliche Stimmung ganz schnell in den Bann.

- Coburger Weihnachtsmarkt, Marktplatz, 96450 Coburg, www.coburger-weihnachtsland.de/weihnachtsmarkt-coburg, Freitag vor dem 1. Advent bis zum 23. Dezember
- ÖPNV: Alle Linien, Haltestellen Albertsplatz, Ehrenburg, Theaterplatz

Klettern und Staunen

39 Kemitzenstein in Bad Staffelstein

Wenn man bei einem Waldspaziergang auf einmal vor dem Kemitzenstein steht, fühlt man sich, als wäre man auf einem anderen Planeten gelandet und erwartet beinahe, im nächsten Moment in das Set eines Fantasy-Spielfilms zu platzen. Denn die Felsformationen strahlen eine fast unwirkliche Magie aus. Es verwundert einen also nicht, dass der Kemitzenstein im Naturpark Fränkische Schweiz-Veldensteiner Forst in der germanischen Zeit als Kultstätte gedient haben könnte, gefundene Artefakte lassen darauf schließen. Eine Informationstafel liefert spannende Hintergrundinformationen – und altes Bildmaterial. Ein Postkartenmotiv aus dem frühen 20. Jahrhundert zeigt, dass der Kemitzenstein bereits damals ein beliebtes Ausflugsziel war. Daran hat sich bis heute nichts geändert: Es werden Picknickdecken ausgebreitet und Brotzeiten auf Bänken und Tischen ausgepackt – natürlich mit Blick auf die faszinierenden, bewaldeten Felsformationen. Diese reizen Kletterer und Boulderer zu Touren bis zum Schwierigkeitsgrad VII+. Doch auch das Zusehen macht großen Spaß: An der Felswand sichert ein Sportler einen anderen, daneben wird gebouldert. Man fachsimpelt und tauscht sich über oftmals erste Erfahrungen aus, die man am Kemitzenstein übrigens auch mit Karabinerhaken auf einem kurzen Klettersteig sammeln kann. Wer ebenfalls die luftige Perspektive einnehmen möchte, muss jedoch selbst kein Sportass sein. An der rechten Seite geht es über einen Weg nach oben auf die Felsen.

Zu diesem empfehlenswerten Kletter- und Ausflugsziel führt der kürzeste Weg ab dem Wanderparkplatz bei Kümmersreuth, vorbei am Dolomit-Steinbruch. Nach bereits circa 20 Minuten ist der Kemitzenstein erreicht – dieser überraschende und magische Ort.

TIPP

Weiter zur beeindruckenden Felsformation „Hohler Stein" wandern.

- Kemitzenstein, 96231 Bad Staffelstein
- ÖPNV: Bus 1211, Haltestelle Kümmersreuth

Wir gehen auf Safari!

40

Auf Entdeckungsreise im Naturkunde-Museum

Eben noch präsentiert ein Löwe stolz seine Mähne, da steht man auch schon einem australischen Koalabären gegenüber. Nur wenige Schritte weiter erkundet man heimische Ökosysteme – und das von Frühling bis Sommer, über Herbst und Winter. Das Naturkunde-Museum lädt zu einer großen Reise über Kontinente und (Jahres-)Zeiten ein.
Neues entdecken, staunen und spielerisch lernen: Museen faszinieren bereits die Kleinsten – und oftmals sogar bis ins hohe Alter. Wurde einem eben noch die Evolution des Menschen nahegebracht, geht es einen Raum weiter zu den Kontinenten und deren Erdgeschichte. Bald darauf taucht man in die Welt der Minerale und Kristalle ein: Rosa, bläulich oder grün schimmern sie, manche glitzern. Passenderweise sind die Märbeln (Murmeln) im nächsten Raum oftmals genauso bunt und kreativ gesprenkelt. Neben der Murmelsammlung ist auch ein Unikat zu bestaunen – die letzte erhaltene thüringisch-fränkische Märbelmühle, mit der aus Muschelkalk-Gestein mithilfe von Wasserkraft und Mühlsteinen Murmeln hergestellt wurden. Das Museum, seit 1919 von der Coburger Landesstiftung betrieben, verknüpft gekonnt traditionellen Charme mit modernen Elementen, so wurden zum Beispiel interaktive Informationstafeln aufgestellt. Den älteren Teil des Hauses erkennt man an den geschwungenen Holztreppen, während das offene Foyer den modernen Anbau von 1996 charakterisiert.
Die Basis des Museums ist der Sammelleidenschaft der Coburger Herzöge zu verdanken, vor allem Ernst II. und Albert erweiterten ihre Sammlungen laufend. 1844 eröffneten sie das „Herzogliche Kunst- und Naturaliencabinet“ im Palais am Ketschentor. Die Ausstellung zog 1863 in die Veste um, bis schließlich 1914 das Naturkunde-Museum, damals noch Hofgartenmuseum genannt, eingeweiht wurde. Heute ist es mit mehr als 700.000 Sammlungsstücken das größte Naturkundemuseum in Nordbayern – ein Ort voller Abenteuer und kleiner Glücksorte.

TIPP

Experten bieten individuelle Hausführungen an (mindestens eine Woche vorher buchen).

- Naturkunde-Museum Coburg, Park 6, 96450 Coburg, Tel. (0 95 61) 8 08 10, www.naturkunde-museum-coburg.de
- ÖPNV: Alle Linien, Haltestelle Theaterplatz

Auf königlichen Spuren

41 Schlosspark Rosenau in Rödental

Aquarelle von Schloss Rosenau hängen sogar in der Royal Library in Windsor Castle. Denn von diesem Glücksort schwärmte 1845 bereits die englische Königin Queen Victoria. Ihr Mann, Prinz Albert von Sachsen-Coburg und Gotha, wurde auf Schloss Rosenau geboren und getauft. Ein Spaziergang fühlt sich hier auch heute noch königlich an; die Verbindung zum englischen Adel ist überall spür- und sichtbar. Herzog Ernst I. ließ einst den Schlosspark nach englischem Vorbild anlegen. Durch seine ebenso künstlerische wie natürliche Gestaltung sollte der Park mit seinen verschiedenen Elementen, wie beispielsweise der im Volksmund sogenannten „Turniersäule", unmerklich in die Landschaft eingebettet werden. Für einen Wow-Moment sorgt die üppig mit Rosen bepflanzte Außenterrasse des Schlosses samt plätscherndem Schalenbrunnen. Es wirkt so authentisch, dass es nicht verwunderlich wäre, würde im nächsten Moment ein Wächter aus dem kleinen Rundturm treten, der ein Merkmal der mittelalterlichen Burganlage ist und 1808/1809 als Wachthaus erneuert wurde.

TIPP

Einen Rundgang machen und so die ganze Vielfalt des Parks entdecken!

Auf 36 Hektar finden sich Plätze zum Staunen und Durchatmen. Ganz in der Nähe ziehen schwarze Trauerschwäne anmutig über den Schwanenteich, hier heißt es: zur Ruhe kommen. Das kann man auch auf den vielen Wegen, die über ein weites Wiesental und durch einen kleinen Wald führen. Zur Stärkung werden Kaffee und Kuchen stilvoll im ehemaligen Teehaus, auf der heutigen Terrasse des Parkrestaurants, serviert. Gleich nebenan, in der gläsernen Orangerie im klassizistischen Stil, duftete es früher wohl nach frischen Kräutern, denn hier befand sich ein klassischer viktorianischer Küchengarten. Auch exotische Pflanzen überwinterten in der Orangerie, heute wird der architektonische Augenschmaus vor allem für Feste genutzt. Im Park Rosenau gibt es also bei einem gemütlichen Spaziergang viel zu entdecken: historische Gartenelemente mit englischem Flair genauso wie sehenswerte Architektur, aber vor allem die Schönheit und Ruhe der Natur.

● Schlosspark Rosenau, 96472 Rödental
www.schloesser-coburg.de

Schöne Dinge als Soulfood

42 Concept Store: Plan B

„Hofapotheke“ steht in grün geschwungenen, leuchtenden Neonbuchstaben über dem Eingang. Die Rundbogenfenster sind mit Vasen, Lampen und Pflanzen dekoriert. Drinnen erinnern das Gewölbe und die Apothekerschubladen aus dem Jahr 1967 an die einstige Nutzung des Ladens und strahlen eine ganz besondere Atmosphäre aus. „Das Durchschnittliche gibt der Welt ihren Bestand, das Außergewöhnliche ihren Wert!“ (Oscar Wilde) – wie passend Karin Zillmers Lieblingsmotto doch ist, dem kreativen Kopf hinter Plan B. Deutschland- und europaweit war sie als Dekorateurin und Stylistin tätig, bevor durch die Coronapandemie Aufträge wegbrachen und ein neues Standbein gefunden werden musste – ihr Plan B. „Mein Laden soll eine außergewöhnliche Location sein, in der man sich wohlfühlt und neben ausgewähltem Interieur, Schmuck und Kleidung auch gute Gespräche, Tipps und Tricks zur Einrichtung und Styling-Ideen mit nach Hause nehmen kann, das ist für mich Soulfood!“ Ob ausgefallene Vasen, die darauf warten mit einem bunten Strauß Blumen zum Leben erweckt zu werden oder wunderschönes Geschirr, das auf dem Tisch garantiert alle Blicke auf sich ziehen wird, hier findet man besondere Einzelstücke. Der Laden verbindet den Charme der Vergangenheit gekonnt mit modernem Interieur. In ihm spiegelt sich Karins Verständnis von gelungenem Styling wider, in dem sich verschiedene Stilformen und -brüche zu einem harmonischen Gesamtkonzept vereinen. Biedermeier plus Bauhaus, behagliche Farben plus Neon: Das funktioniert nicht immer, aber in der richtigen Dosis verleiht das Spiel der Kontraste den eigenen vier Wänden die besondere persönliche Note. Karin lässt sich gerne vom Zeitgeist inspirieren und holt Trends aus den Metropolen nach Coburg. Neue Inspirationen bedeuten auch, dass sich Plan B im stetigen Wandel befindet, immer wieder sind neue Schätze zu entdecken – für Fans von geschmackvollen Interieurs, Designästheten, Pflanzenliebhaber und für alle Individualisten.

TIPP

Offen sein für neue Styling-Kombis und sich von der Besitzerin des Ladens beraten lassen.

● Plan B, Markt 15 (Eingang Steingasse), 96450 Coburg, Tel. (01 51) 11 73 32 39, www.facebook.com/zillmerkarin

● ÖPNV: Bus 1, 4, 5, 6/66, 7, 10, Haltestelle Ehrenburg

12 12

Gläserne Faszination

43

Europäisches Museum für Modernes Glas

Von außen glitzert die Glasfassade im Sonnenlicht und gibt einen ersten Blick ins Innere frei. Der große gläserne Leuchter in der Mitte des luftigen Hauptsaals des Europäischen Museums für Modernes Glas zieht alle Blicke auf sich. Eine ebenfalls verglaste Treppe führt hinauf zur Galerie ins Lampenglasstudio und in die Sonderausstellungen. Im Erdgeschoss des Museums kann man in der Dauerausstellung die Entwicklung des Studioglases von den 60er-Jahren bis heute nachvollziehen. Präsentiert werden Skulpturen, raumgreifende Installationen und künstlerisch gestaltetes Gebrauchsglas. An jedem Ausstellungsstück sind andere Details zu entdecken. Für Kunstliebhaber ist ein Besuch selbstverständlich, aber auch für alle anderen ist das Museum im Schlosspark Rosenau ein echter Geheimtipp.

TIPP

Ein weiterer Hingucker: die gegenüberliegende Orangerie, die sich in der Fassade spiegelt!

Kompakt aufbereitete Informationen vermitteln Wissen über den Werkstoff Glas und dessen Möglichkeiten der Verarbeitung. Auf der offenen Galerie wird beispielsweise Schritt für Schritt skizzenhaft gezeigt, wie ein kunstvolles Gefäß entsteht. Die jeweiligen Werkzeuge finden sich gleich daneben in der Vitrine. Noch mehr Individualität bekommen die Unikate durch ihre Farbigkeit. Rot, weiß, blau oder grün glänzen die Glasornamente und wechseln je nach Einfall des Tageslichts ihre Farben. Ebenfalls spannend: Die Heißglastechnik Pâte de Verre, bei der mit Formen, farbigem Glasgranulat und Bindemitteln gearbeitet wird. Die Einblicke in die Geschichte des Handwerks zeigen, dass sich das Verständnis für Glas im Laufe der Zeiten gewandelt hat: Von „form follows fun" in den 1960ern, in denen mit Glas experimentiert wurde, über die Rückkehr zu traditionellen, kunsthandwerklichen Techniken in den 70er- und 80er-Jahren bis hin zum Verständnis von Glas als Kunst im 21. Jahrhundert. Im Glasmuseum muss man kein Experte sein, sondern einfach neugierig, dann wird man schnell hineingezogen in die Faszination Glas.

● Europäisches Museum für Modernes Glas, Rosenau 10, 96472 Rödental, Tel. (0 95 61) 87 90, glasmuseum.kunstsammlungen-coburg.de

Kulinarischer Kurztrip

44

Frühstücken im Café Feiler

Die französische Hauptstadt scheint nur einen Bissen in ein ofenfrisches Hörnchen mit fruchtiger Marmelade entfernt zu sein. Bei skandinavischen Spezialitäten, wie Räucherlachs und Garnelen, spürt man die nordische Meeresbrise. Und auch zwischen hier und Bella Italia liegt in diesem Moment nur eine hauchdünne Scheibe Salami.

Ein Frühstück im Café Feiler fühlt sich an wie ein kulinarischer Kurztrip. Für alle, die gerade in Coburg ihren Urlaub verbringen, ist es der perfekte Start, um gut gelaunt und gesättigt den Tag zu beginnen. Hier kann man es sich drinnen und draußen so richtig gemütlich machen – auf bequemen Sofas, an Tischen und Stühlen auf verschiedenen Ebenen oder an einem der beliebten Fensterplätze, die sich besonders gut dazu eignen, dem bunten Trubel zuzusehen und dabei süße und herzhafte Köstlichkeiten zu genießen. Für diejenigen, die es etwas ruhiger und intimer mögen, ist der „Kleine Feiler" empfehlenswert. Den findet man entweder, wenn man geradeaus durch den deckenverglasten Wintergarten läuft oder vom zweiten Eingang in der „Kleinen Johannisgasse" kommt.

Die angebotenen Spezialitäten, zwischen denen man die sprichwörtliche Qual der Wahl hat, sind in beiden Cafés gleich. Neben ausgiebigen Frühstücksvariationen kann man sich von fruchtigen Kuchen, herzhaften Teilchen, fränkischen Gebäckstücken und unwiderstehlichen Torten aus einer der Vitrinen am Eingang der beiden Cafés verführen lassen. Im Café Feiler kommt man mit der Familie zusammen, um gemeinsam einen Geburtstag zu feiern, rundet seinen Theater- oder Schlossbesuch mit einem Stück Kuchen ab, trifft sich einfach zum Kaffeeklatsch oder genießt – wie hier empfohlen – ein außerordentlich leckeres Frühstück. Die kunstvollen Schokoladenkreationen auf den Kaffeespezialitäten werden mit viel Liebe und Einfallsreichtum zubereitet und zaubern einem bereits vor dem ersten Schluck ein Lächeln ins Gesicht.

TIPP

Kuchen für den Nachmittagskaffee mitnehmen oder zum Mittagstisch einkehren.

- Café Feiler, Theaterplatz 5 und Hintereingang: Kleine Johannisgasse 4, 96450 Coburg, Tel. (0 95 61) 5 13 71 96, www.cafe-feiler.de
- ÖPNV: alle Linien, Haltestelle Theaterplatz

Eine Prise Meeresluft

45

Gradierwerke im Kurpark Bad Staffelstein

Tief einatmen und wieder ausatmen. Einatmen und wieder ausatmen. Es riecht nach Salz und Meer. Wenn man die Augen schließt, fühlt es sich an wie Urlaub an der Nordsee, obwohl diese gut 600 Kilometer entfernt ist. Nur 600 Meter sind es bis zur Obermain Therme mit Bayerns wärmster und stärkster Thermalsole, womit die salzhaltige Luft rund um die Gradierwerke zusammenhängt. Die aufbereitete Sole aus dem Thermalbad gelangt mit einer 3-prozentigen Konzentration erst in die Keller der benachbarten Gradierwerke im Kurpark und dann unter das Dach. Von dort tröpfelt sie über Aussparungen gleichmäßig über die breite, fein verästelte Schwarzdornfläche. Dabei zerstäubt die Heilsole mit ihren mineralischen Wirkstoffen. Bei diesem Gradierprozess bleibt der Salzanteil erhalten und das Wasser verdunstet, wodurch der Salzgehalt der Gradiersole bis auf maximal 25 Prozent Konzentration steigt. Dabei entsteht praktisch ein „Freiluftinhalatorium" zum Spazierengehen. Dieses besondere Klima kann für Heilbehandlungen eingesetzt werden und zum allgemeinen Wohlbefinden beitragen.

Die Saline ist nicht nur gut für die Gesundheit, sondern auch architektonisch ein Hingucker. Für die salzhaltige Umgebung ist die traditionelle Holzbauweise aus heimischem Lärchenholz besonders gut geeignet. Man kann entweder über die Holzbalken flanieren und immer wieder einen tiefen Atemzug nehmen oder es sich auf einer der umliegenden Bänke bequem machen. Präsent ist das Element Wasser auch am Brunnen zwischen den beiden Gradierwerken, der den Besuchern verschiedene Fontänen präsentiert. Die Gradierwerke sind nur von Ostern bis Oktober aktiv, der Kurpark ist dagegen ganzjährig geöffnet. Dem Plätschern lauschen, die Luft tief einatmen und einfach den Moment genießen – das ist nicht nur gesund, sondern auch glücksfördernd.

TIPP

Vorbei an den Gradierwerken zum Säulentempel Monopteros spazieren und die Aussicht genießen.

- Gradierwerke/Saline im Kurpark Bad Staffelstein, Am Kurpark 1, 96231 Bad Staffelstein
- ÖPNV: Bus 1211, 1212, Haltestelle Obermaintherme

Bühne mit Geschichte(n)

46

Theater in der Reithalle

Wo früher Pferdehufe klackerten, hört man heute Klatschen nach einer gelungenen Aufführung, denn die Studiobühne des Coburger Landestheaters befindet sich in der ehemaligen herzoglichen Reithalle. Der Sandsteinquaderbau, der 1852 errichtet wurde und in seiner Architektur noch an die ursprüngliche Nutzung erinnert, liegt ganz in der Nähe des Großen Hauses zwischen Hofgarten und Schlossplatz. Im Schatten der prächtigen Bauten ringsum könnte man fast an dem Gebäude vorbeilaufen, doch ein zweiter Blick an und hinter die Fassade lohnt sich. Die frühere Reithalle war in der Geschichte ein bedeutender Ort für die Gründung namhafter nationaler Organisationen, wie man neben dem verzierten Eingangstor nachlesen kann. Heute bietet sie sehenswerte Theateraufführungen – die Besonderheit der Studiobühne mit knapp 100 Plätzen ist die offene Innengestaltung. Anstatt wie gewöhnlich auf verschiedenen Ebenen zu sitzen, wird der Zuschauer quasi selbst zu einem Teil der Bühne. Dieses Raumkonzept ist hervorragend geeignet für besondere Formate, wie Stücke des „Jungen Theaters", kurze Komödien oder Matineen. Der Spielplan des Landestheaters gibt Einblicke in die laufende Saison. So vielfältig wie die heutigen Inszenierungen war auch die Nutzung der Reithalle. 1860 kam hier unter Herzog Ernst II. die erste Generalversammlung des deutschen Nationalvereins zusammen. Doch auch die Künste spielten damals schon eine große Rolle. Ebenfalls 1860 wurde in diesem Gebäude anlässlich des 1. Deutschen Turn- und Jugendfestes, das in Coburg stattfand, unter Herzog Ernst II. das Fundament für die „Deutsche Turnerschaft" gelegt. Von da an trug Coburg als Turn-Stadt immer wieder Wettkämpfe aus. Zwei Jahre danach war die Reithalle Gründungsort für einen weiteren großen Dachverband, den „Deutschen Sängerbund". Alles in allem ein inspirierender Ort, der Geschichte(n) geschrieben hat und heute immer noch eine Bühne für weitere Stücke zum Nachdenken und Schmunzeln bietet.

TIPP

Hörenswerte Theatereinblicke als Podcast gibt es monatlich in Kooperation mit Radio Eins.

- Reithalle, Schloßplatz 3, 96450 Coburg, Tel. (0 95 61) 89 89 89
- ÖPNV: Alle Linien, Haltestellen Ehrenburg, Theaterplatz

Fränkische Krone

47 Innenhof der Veste Coburg

Ob auf den Tassen des Weihnachtsmarktes oder als Postkartenmotiv – sie ist omnipräsent. Die Veste Coburg ist das Wahrzeichen der Stadt und thront über ihr als „Fränkische Krone". Die ganze Pracht mit all ihren Details lernt man bei einem Besuch kennen, der zu Coburg gehört wie der Bratwurststand zum Marktplatz. Spätestens ab der ehemaligen Zugbrücke und der dreifachen Toranlage, durch die Besucher in eine der größten Burganlagen Deutschlands gelangen, spürt man den besonderen mittelalterlichen Charme der alten Festung. Die letzten Meter führen bergauf, bevor der Blick auf eine prächtige Fachwerkfassade fällt. Das ist der erste Eindruck von den Innenhöfen, deren Zauber einen sogleich in den Bann zieht. Der Fürstenbau ist nicht nur ein wunderschöner architektonischer Anziehungspunkt, sondern auch Eingang zu einem der bedeutendsten kunst- und kulturgeschichtlichen Museen Deutschlands. Rund um den Innenhof reihen sich aneinander: die Lutherkapelle, die auf den Aufenthalt Luthers 1530 hinweist, das steinerne Gästehaus, die Wehranlagen und der weithin sichtbare Bulgarenturm. Die Kanone, ein Feldgeschütz aus Frankreich, symbolisiert die einstige Verteidigungsfunktion der Veste. Den Rundgang fortsetzend, kommt man in den zweiten Innenhof, der dem ersten in nichts nachsteht. 1056 wurde die Burg urkundlich erstmals erwähnt und um 1500 als Nebenresidenz der Kurfürsten von Sachsen prachtvoll ausgebaut. Anfang des 19. Jahrhunderts wurde die Veste im Stil der Neugotik erneuert und ab 1906 weiter umgestaltet. An den Gebäuden gibt es viele Details zu entdecken: außergewöhnlich geschwungene Fenster oder bauplastischen Schmuck mit Tieren und Grotesken, Wappen und einer eingelassenen Glocke an der Lutherkapelle. Auch der Blick in die Ferne lohnt sich – von der Bärenbastei schaut man bis weit über das Coburger Land. In den Innenhöfen der Veste ist Geschichte spür- und erlebbar. Dieser Ort erinnert an den Kindheitstraum, einmal Ritter oder Burgfräulein zu sein.

TIPP

Bei einer Führung noch mehr geschichtliche Einblicke erhalten.

- Veste Coburg, Veste Coburg 1, 96450 Coburg, www.schloesser-coburg.de
- ÖPNV: Bus 5, Haltestelle Veste

Verwunschenes Paradies

48 Kleiner Rosengarten

Besonders Schönes entdeckt man ja oft abseits der Hauptwege, zum Kleinen Rosengarten sind es nur ein paar Treppenstufen und schon fühlt man sich wie an einem märchenhaften Ort. Direkt am Hofgarten liegt das Idyll mit seinen historischen und englischen Rosen – eine Ruheoase für alle Sinne. Auf einer der Bänke kann man eine Pause einlegen und beim sanften Plätschern der Wasserspiele abschalten. Eine Steinmauer mit vier kleinen Türmen verbindet den großen mit dem kleinen Garten. Der dortige Brunnen ist hingegen zwar nur noch Dekoration, aber dafür eine besonders schöne und geschichtsträchtige. Um 1680 errichtet, ist er der einzige noch vorhandene Zierbrunnen in Coburg aus dieser Zeit.

Das Highlight sind die vielen bunt-blühenden Rosen, die dem Garten seinen Namen verliehen. Wie gut sie duften! Doch auch außerhalb deren Blütezeit und zu allen Jahreszeiten ist der verwunschene Garten absolut sehenswert. Hier wird einem bewusst: Es sind die kleinen, etwas verborgenen Wohlfühlorte, die für besondere Glücksmomente sorgen können. Der Kleine Rosengarten bietet nicht nur pure Entspannung, sondern ist auch der perfekte Startpunkt für das nächste Ausflugsziel – und zwar sowohl für Kunst- und Kulturbegeisterte als auch für die kleinsten Besucher. An seinem Ende lädt der Ausstellungspavillon des größten Kunstvereins in Bayern, der zeitgenössische Kunst fördert, zu einem Besuch ein. Die Stufen aus dem kleinen Garten führen dann wieder zurück nach oben in den Hofgarten und somit nicht nur auf direktem Weg zum Naturkunde-Museum und der Veste, sondern auch auf einen Abenteuerspielplatz, der Kinderaugen strahlen lässt. Wer möchte nicht einmal als Hexe auf einem bunten hölzernen Besen reiten?

TIPP

Hier blüht noch mehr: Im Frühling sorgen die Magnolien für eine ganz besonders schöne Stimmung.

- Kleiner Rosengarten im Hofgarten, 96450 Coburg
- ÖPNV: Alle Linien, Haltestellen Ehrenburg, Theaterplatz

Im Weckla mit Senf!

49

Bratwurststand auf dem Marktplatz

Immer der Nase nach oder alle sieben Gassen führen zum Bratwurststand auf dem Coburger Marktplatz. Der charakteristische Duft verführt einen schon, bevor die Rauchschwaden sichtbar werden und man die Bratwurst in Händen hält. Beim Biss in die saftige Wurst im Weckla (fränkisch: Brötchen) läuft einem das Wasser im Mund zusammen. Die traditionelle Spezialität, die als kulinarisches Erbe Bayerns anerkannt ist, besteht aus Schweinefleisch, mindestens 15 Prozent Rindfleisch, Vollei und Gewürzen nach historischer Rezepturüberlieferung. Die Mischung wird in das Schweinebändel gefüllt, wodurch die Wurst beim Braten auf dem Rost über offenem Feuer und Kiefernzapfen nicht austrocknet. Wer bei einem Marktbesuch mit fränkischem Vokabular glänzen will, sollte wissen, dass die Kiefernzapfen „Kühla" genannt werden. Eine weitere Besonderheit: Das Weckla wird von oben aufgeschnitten.

Würde man die Bratwurst nachmessen, käme man in rohem Zustand auf stolze 31 Zentimeter, und das führt auf eine lange Tradition zurück. Auf der Spitze des Rathauses steht der Coburger Stadtpatron oder, wie die Coburger sagen, das „Bratwurstmännle", dessen Marschallstab als Richtmaß für die Bratwurst diente. Das Originalrezept soll auf das 15./16. Jahrhundert zurückgehen, auch wenn sich um die Geburtsstunde der Coburger Bratwurst mehrere Geschichten ranken. Welch großen Andrang es beim Anstehen für die Delikatesse aber bereits 1827 gab, lässt sich aus einem Brief des Komponisten Karl Friedrich Zelter an Johann Wolfgang von Goethe entnehmen: „Seit heute früh 6 Uhr werden hier vor meinem Fenster, auf dem Platz, auf zehn verschiedenen Feuern, Würste gebraten; sollte dies Blatt danach duften, so weißt Du, woher es kommt. Es sollen hier auf den zwei Markttagen jede Woche an die 10.000 Würste gebraten werden, das wäre auf jede Coburger Seele eine Wurst pro Woche." Auch heute noch steht für viele fest: Die deftige Spezialität, wahlweise mit Senf, gehört zu jedem Coburg-Besuch dazu.

TIPP

Beim Juwelier Stahl gibt es die Coburger Bratwurst sogar als Schmuckstück.

● Bratwurststand auf dem Marktplatz, 96450 Coburg
● ÖPNV: Alle Linien, Haltestellen Albertsplatz, Ehrenburg, Theaterplatz

Stücke mit Glücksgarantie

50 Viel mit Sti(e)l: Blooms & Rooms

Es sind die kleinen individuellen Läden, in denen man besondere Dinge mit Erinnerungscharakter entdeckt – wie sie im Blooms & Rooms zu finden sind. Schon von draußen oder spätestens beim Eintreten spürt man: Hier bin ich richtig. Liebevoll ausgesuchte Wohnaccessoires umgeben von ausgefallenen Blumen vermitteln ein hyggeliges Gefühl, ganz nach skandinavischem Vorbild. Genau das ist es, was sich Ladenbesitzerin Alexandra Probst-Schnellhardt wünscht: Kunden, die nach einem Besuch im Blooms & Rooms ein bisschen glücklicher sind, sei es durch die gemütliche Atmosphäre, ein nettes Gespräch, einen schönen Strauß oder ein tolles Interieurstück. Milchkännchen, Geschirr, Kerzenhalter, Windlichter, Körbe, Tassen – alles so liebe- und geschmackvoll arrangiert, dass man hier das Gefühl hat, pures Glück zu kaufen. Der Stil? Skandinavisch, bohemian, schlicht, verspielt oder naturverbunden – ins Blooms & Rooms kommt nur, was für die Chefin Liebe auf den ersten Blick ist. Doch auch die Herstellungsbedingungen spielen für sie eine Rolle: Umweltfreundliche Fertigung, Nachhaltigkeit, Qualität und fairer Handel sind ihr besonders wichtig.

Blumen bilden im Blooms & Rooms die perfekte harmonische Ergänzung zum liebevollen Produkt-Potpourri. Bereits vor dem Laden werden wunderschöne Grünpflanzen arrangiert, drinnen gibt es eine außergewöhnliche und farbenfrohe Blumenauswahl. Nicht selten stehen die gelernten Floristinnen hinter dem Tresen und binden mit Leidenschaft einen ihrer kreativen Sträuße. Die Blumen gibt es den Jahreszeiten entsprechend, auch sie kommen weitestgehend aus fairem Handel, umweltfreundlichem Anbau und zeichnen sich durch höchste Qualität aus. Wie passend, dass man vor Ort gleich noch eine schöne Vase dafür finden kann.

TIPP

Es lohnt sich, immer wieder vorbeizuschauen, der Laden wird mehrmals im Jahr saisonal umgestaltet.

- Blooms & Rooms, Ketschengasse 29, 96450 Coburg, Tel. (0 95 61) 23 94 81, www.blooms-and-rooms.de
- ÖPNV: Bus 2, 3, 4, Haltestelle Albertsplatz

Fränkisches Kleinod

51 Ausflug nach Seßlach

Charmante Hinterhöfe liegen in den verwinkelten Gassen oft zwischen Fachwerkhäusern versteckt. Ein paar Schritte weiter weist ein Messingschild auf eine traditionelle fränkische Gaststätte hin und eine weitere lokale Spezialität – Bier. Kein Wunder, dass Seßlach zu den „100 Genussorten Bayerns" zählt, das fränkische Lebensgefühl wird hier besonders gut widergespiegelt. Aber auch Bühne für einen Filmklassiker war dieses Städtchen bereits. Für den Film „Räuber Hotzenplotz" wurde der Marktplatz in die Zeit um 1930/1940 zurückverwandelt. In vielerlei Hinsicht kann dieser Glücksort Kulisse für einen abwechslungsreichen Tagesausflug sein, denn neben kulinarischen Spezialitäten ist vor allem die Architektur sehenswert. Die Altstadt von Seßlach zählt nicht umsonst zu den bedeutendsten historischen Stadtkernen Deutschlands und wird auch gerne als „Kleinod des Coburger Landes" bezeichnet. Vor allem an den Wochenenden schlendern Besucher besonders entspannt über den Marktplatz, denn dann werden zwei der drei Tore für den Verkehr geschlossen. Die Stadttore und die intakte Stadtmauer deuten auf die lange Geschichte des Ortes hin, urkundlich wurde Seßlach um 800 zum ersten Mal erwähnt und 1335 von Kaiser Ludwig von Bayern zur Stadt erhoben. Es erhielt hier unter anderem das Braurecht, wohl ein bedeutendes Jahr für die Franken, bei denen Bier regional fest verankert ist. Im Kommunbrauhaus kommt das auf außergewöhnliche Weise unter die Leute. An den Brautagen werden Straßenschilder aufgestellt, auf denen es heißt: „Frei nur für Bierabholer." Der Braumeister füllt das Kommunbräu dann mit der Zapfpistole in mitgebrachte Gefäße. Auch als Start-, Zielpunkt oder Etappe verschiedener Wander- und Radtouren bietet sich die mittelalterliche Kleinstadt an: Wer sich entspannen möchte, wählt eine Fahrradroute zu einer der nahen Thermen, Filminteressierte zu den umliegenden Drehorten des Luther-Films. Für die ganze Familie sind Ausflüge zur Veste Heldburg oder zum WildPark in Tambach lohnenswert.

TIPP

Glühweinduft und Handwerkskunst – den stimmungsvollen Adventsmarkt nicht verpassen.

● 96145 Seßlach

Wilde Idylle

52 WildPark Schloss Tambach

Ein Rudel junger Hirsche lässt sich von der Sonne wärmen, einer davon, mit einem außergewöhnlich schönen weiß-gepunkteten Fell, blickt immer wieder neugierig nach oben, ein anderer springt über die Wiese. Ein Stück weiter breiten Greifvögel ihre Flügel aus und lassen einen über die enorme Spannbreite staunen. Im WildPark Schloss Tambach kann man den Tieren ganz nahekommen – und sie in ihren weitläufigen Gehegen beobachten.

Dieser Glücksort ist ein naturbelassener Ausflugsort für Klein und Groß, an dem es viel zu entdecken gibt. Im Schatten ruhen sich Elche aus, ein paar Meter weiter springen quirlige Muntjaks oder Miniponys umher. Auf zahlreichen Infotafeln und einem „WaldErlebnisPfad" kann man seine Wissbegierde über Wildtiere stillen und eine Menge über das Ökosystem Wald und seine Bedeutung erfahren. Bei den kostenlosen Schaufütterungen kommen dann vielleicht auch die Waschbären hervor, die sich ansonsten meistens verstecken. So unterschiedlich wie die Tiere im WildPark ist auch die Landschaft. Man kann einen kleinen Teich umrunden, bei einer Buddhafigur zur Ruhe kommen oder im Sommer unter dem üppigen Baumbestand Schatten suchen. Jede Jahreszeit bietet ihre eigene Kulisse – Kirschblüten und Narzissen im Frühling, Rosen und Hortensien im Sommer und eine bunte Blätterpracht im Herbst. Doch über das ganze Jahr hinweg thront Schloss Tambach beständig im Hintergrund, der Wohnsitz der Grafen zu Ortenburg, in deren Privatbesitz sich das Schloss seit Anfang des 19. Jahrhunderts befindet. Der WildPark gehört ebenfalls dazu, er ist seit 1970 in den Schlosspark integriert, der als englischer Landschaftspark angelegt wurde. Dessen Bewohner sind typisch für englische Landsitze – Hirschrudelarten. Doch dabei ist es nicht geblieben, mittlerweile leben hier mehr als 40 Tierarten und 350 Tiere, sodass bei einem Ausflug in den WildPark sicherlich jeder sein ganz besonderes Lieblingstier finden wird.

TIPP

Den Tieren noch näherkommen – bei speziellen Sonderführungen (kostenpflichtig, vorab buchen).

- WildPark Schloss Tambach, Am Wildpark 3, 96479 Weitramsdorf, Tel. (0 95 67) 92 29 15, www.wildpark-tambach.de
- ÖPNV: Bus 8300, 8301, Haltestelle Tambach

Erfrischend regional

53 Kunzelmann's Bauernhofeis in Neundorf

„Einmal Erdbeere und Schokolade, bitte!" Es schmeckt einfach fantastisch – fruchtig, cremig, erfrischend und dabei so natürlich nach den besten Zutaten. Schon von weitem weist eine kupferne Eiswaffel auf Kunzelmann's Bauernhofeis hin. Es ist ein echter Familienbetrieb – manchmal reicht sogar die Oma das Eis über die kleine Verkaufstheke, während die Enkel im Hintergrund spielen. Bei den wechselnden Kreationen überraschen neben den Klassikern Vanille, Erdbeere und Schokolade, auch Sorten, wie fränkisches Landbier-Eis. Allen gleich: Sie werden vor Ort mit den besten Zutaten selbst hergestellt. Und das schmeckt man sofort! Die Grundlage beim cremigen Schokoladeneis: beste Sahne und Milch vom eigenen Hof. Bei den Sorbets, wie beispielsweise Erdbeere, sind frische Früchte die natürliche Basis. Im angrenzenden Schuppen kann man sogar rund um die Uhr seinen Eishunger auf Knopfdruck stillen und sich die Erfrischung einfach mit nach Hause nehmen. Dort gibt es Eis im 500-Milliliter-Becher – neben den klassischen Geschmacksrichtungen auch ausgefallenere, wie Ananas-Orangen-Sorbet, Käsekuchen-Eis oder Kokos-Sahne-Eis. Circa 50 verschiedene Sorten entstehen über das ganze Jahr hinweg. Sie sind von bester Qualität und natürlich ohne Konservierungs- oder Farbstoffe. Die Milch, die man hier in Eisform genießen kann, bekommt man in der danebenstehenden Milchtankstelle auch pur. Bei rund 100 Milchkühen ist für genügend Nachschub immer bestens gesorgt. Noch regionaler geht es kaum! Ob als Nachtisch oder Erfrischung: Ein Ausflug zu Kunzelmann's Bauernhofeis lohnt sich auf jeden Fall, denn ein oder zwei Kugeln Eis gehen schließlich immer, wenn sie so natürlich-lecker schmecken, gleich noch mehr.

TIPP

Weitere Bauernhofspezialitäten gibt es im Regiomaten neben dem Eis-Automaten.

- Kunzelmann's Bauernhofeis, Herrengasse 11, 96479 Weitramsdorf/Neundorf, Tel. (0 95 67) 98 17 86
- ÖPNV: Bus 8301, Haltestelle Neundorf Schule

Faszination Flechten

54

Deutsches Korbmuseum in Michelau i. OFr.

Denkt man an den Film „In 80 Tagen um die Welt" kommt einem sicherlich der Heißluftballon als einzigartiges Transportmittel in den Sinn. Im Deutschen Korbmuseum steht das Exponat eines Heißluftballon-Korbes, bei dem man erahnen kann, wie es sich anfühlt, damit zu reisen. In 26 Räumen die Welt der Flechtkunst erleben, könnte das Motto des Museums lauten. Die Kontinente und deren Besonderheiten liegen jeweils nur einen Raum voneinander entfernt. Das Museumsgebäude, ein ehemaliges Wohn- und Geschäftshaus einer bedeutenden Michelauer Korbmacherfamilie, ist dabei selbst ein Zeugnis der Geschichte des Korbmachens.

Handtaschen aus Geflecht (sogenannte Koberla), Körbe aus verschiedenen Materialien, wie Weiden oder Kiefernspäne und -wurzeln aus Finnland, aufwendige, detailverliebte Feinflechtarbeiten oder historische Kinderwagen sind nur einige Beispiele von insgesamt fast 2000 Exponaten. Auf ausführlichen Informationstafeln mit historischem Bildmaterial – alten Fotografien, Zeichnungen und Dokumenten – wird man durch die Geschichte und Bedeutung der Flecht-Hochburgen in Coburg und Umgebung, allen voran Michelau, geführt. Man erfährt, wie Schritt für Schritt ein Papierkorb geflochten wurde, kann verschiedene Flechtmuster bestaunen oder mehr über das bekannteste Flechtmaterial, die Weide, und die Technik des Korbmachens erfahren. Sein Wissen gab man früher innerhalb der Familie weiter, die sich oft auf die Fertigung eines Produktes spezialisierte, innerhalb einer Gemeinde war jeweils eine Korbgattung üblich. Durch eine übergroße Fotografie, faszinierende Exponate und hohe Weiden fühlt man sich gegen Ende der Ausstellung wie in diese Zeit zurückversetzt. Doch auch heute noch wird die Flechtkunst im Korbmuseum erlebbar gemacht – durch Schauvorführungen, bei denen Korbmacher aus der Region Einblicke in die traditionelle Handwerkskunst geben. Ein faszinierender Ort, der einen über die vielen Facetten und die Geschichte des Korbflechtens staunen lässt.

TIPP

Museumsrallye für Kinder – downloaden, ausdrucken und vor Ort die Fragen beantworten!

- Deutsches Korbmuseum Michelau i. OFr., Bismarckstraße 4, 96247 Michelau in Oberfranken, Tel. (0 95 71) 8 35 48 www.gemeinde-michelau.de/startseite-korbmuseum
- ÖPNV: RB 24, 25, RE 42, Haltestelle Michelau

Eleganz in Perfektion

55 Riesensaal in Schloss Ehrenburg

Man möchte sich im Kreis drehen, immer und immer wieder. Der Riesensaal im Westflügel von Schloss Ehrenburg, der ehemaligen Stadtresidenz der Coburger Herzöge, ist mit seinen barocken Stuckaturen, den mächtigen Atlantenfiguren, denen er seinen Namen verdankt, und den Deckenmalereien kaum an Perfektion zu übertreffen. Die Spiegel, die 1817 unter Herzog Ernst I. montiert wurden, spiegeln die Schönheit des Raumes sprichwörtlich wider. Ein zauberhafter und faszinierender Glücksort, der aus der Zeit ab 1690 stammt, als Herzog Albrecht die Ehrenburg zu einer barocken Residenzanlage ausbaute. Richtet man seinen Blick zur Decke des Riesensaales, sieht man unter anderem 56 Wappen ehemaliger Herrschaftsbereiche des Hauses Wettin – des ältesten urkundlich nachgewiesenen deutschen Adelsgeschlechtes, von dem das Haus Coburg-Sachsen und Gotha ein Zweig ist. Genauso faszinierend wie dieser Saal ist das ganze Schloss, dessen Architektur und Geschichte. Diese geht bis in das 16. Jahrhundert zurück, als Herzog Johann Ernst seinen Hof von der Veste in die Stadt verlegte und Schloss Ehrenburg erbaute. Im Laufe der Jahrhunderte wurde die Ehrenburg immer wieder umgestaltet: von den Anfängen der Dreiflügelanlage im Stil der Renaissance über die barocke Residenzanlage ab 1690 zu einem neugotischen Erscheinungsbild in den Jahrzehnten nach 1810. Zwischen 1816 und 1840 bekamen die Wohn- und Gesellschaftsräume ein neues Aussehen im Stil des französischen Empires mit hauptsächlich aus Paris stammenden, prunkvollen Einrichtungsgegenständen, mehrfarbig eingelegten Parkettböden in den Paradezimmern und holzvertäfelten Kabinetten. Queen Victoria, die Frau von Prinz Albert, war hier oft zu Besuch, ihr Schlafzimmer kann man in der Ehrenburg ebenfalls besichtigen. Das Schloss ist dabei in jedem Raum faszinierend – Besucher wandeln gleichzeitig durch mehrere bedeutende Gemächer und Epochen.

TIPP

Das „Watercloset" (1860) im Mahagonihäuschen von Queen Victoria ist wohl eines der ersten in Europa.

- Schloss Ehrenburg, Schloßplatz 1, 96450 Coburg, Tel. (0 95 61) 80 88 32 www.schloesser-coburg.de
- ÖPNV: Bus 1, 4, 5, 6/66, 7, 10, Haltestelle Ehrenburg

Geschmackvoll ausgereift

56

Brauwerkstatt Hopfenrebell in Bad Staffelstein

Sonnwendfeuer, Karamell BBQ-Freestyle oder Keltenbart stehen auf der digitalen Zapfanzeige, Herr Kules und Ameisenbär zeitlos grafisch visualisiert auf den Bierflaschen daneben. Das Logo, ein skizziertes Hopfenblatt, steht für den Ursprung des Geschmacks, „Hopfenrebell" einprägsam schnörkellos darunter. Die Namen halten, was sie versprechen: besondere, unkonventionelle Geschmacksrichtungen, die Peter und Andrea mit Passion ausreifen lassen. Das schmeckt man ab dem ersten Schluck: Die Nuancen sind ausgeklügelt und hinterlassen eine außergewöhnliche Intensität am Gaumen. „Anstatt einfach nur ein Bier zu trinken, geht es uns um den bewussten Genuss und die Wertschätzung für qualitativ hochwertige Produkte der Region", erzählt Andrea im Gastraum, der genau die richtige Mischung aus Gemütlichkeit und hippem Design ausstrahlt. Helles Holz, Birkenstämme und dunkle Elemente sorgen für ein zeitgemäßes Wohlfühlambiente, das die beiden erst auf Papier gebracht und dann handwerklich umgesetzt haben. Highlights gibt es viele: die selbst geschreinerte Holztheke mit Zapfanlage und die fast bodentiefen Fenster mit Blick in die Brauanlage als Herzstück. Oder die Skizzen an der Wand, die den Brauprozess vom Hopfen bis zum gezapften Bier zeigen und mit Lampen aus Kupferrohren dezent beleuchtet in Szene gesetzt sind. Man spürt, wie viel Herzblut in Hopfenrebell steckt. Peter und Andrea haben eine gehörige Portion Geschmack, der seinen Höhepunkt in ihren individuellen Biervariationen findet. Von 10 Liter auf 10 Hektoliter: Alles über die Kunst des Hopfengetränks haben sie sich selbst beigebracht. Gebraut wird jedes Bier einmal und schonend mit viel Zeit, um seinen vollen Geschmack zu entfalten. Ist es beliebt, wird der Kessel erneut angesetzt. Ihre Leidenschaft für gutes Bier teilt das sympathische Paar gerne, in Kooperation mit anderen Braumeistern oder Bierliebhabern entstehen vollmundige Hopfenunikate, deren Namen und einzigartiger Geschmack lange im Kopf und am Gaumen bleiben.

TIPP

Das Leben genießen mit Pale Ale, Dunklem, Hellem oder Weizen: im Liegestuhl im Biergarten vor Ort!

● Hopfenrebell, Pferdsfelder Weg 72, 96231 Bad Staffelstein, Tel. (0 95 73) 3 10 86 75
www.hopfenrebell.de
● ÖPNV: Bus 1211, 1212, Haltestelle Horsdorfer Straße

hopfen rebell.
Punkratius
Heller Bock

Oh, du Winterwunderland!

57 Alte Weihnachtsfabrik in Neustadt bei Coburg

„O Tannenbaum, o Tannenbaum, wie schön sind deine Blätter." Wie schön erst, wenn sie mit besonderen Weihnachtskugeln geschmückt werden! Herzlich willkommen in der Alten Weihnachtsfabrik: Hier finden sich einzigartige Glasornamente, wie in Form eines Autos, das klassisch mit einem Baum und Geschenken bepackt ist und bei dessen Anblick man anfängt, „Driving home for Christmas" zu summen oder eine Flasche Weihnachtsgin im Miniformat. Ebenfalls beliebt: ein Mistelzweig, der als Weihnachtskugel am Baum hängt und Verliebten einen Kuss entlocken soll.

Im hinteren Teil des Verkaufsraumes findet man das Herzstück: mundgeblasene und von Hand bemalte Kugeln aus der Neustadter Manufaktur mit jahrelanger Familientradition. Die modernen Formen werden in Neustadt skizziert, modelliert und nach traditioneller Handwerkskunst hergestellt. Kennzeichen und Qualitätssiegel der unverwechselbaren und weit bekannten Unikate: das „Sternkrönchen". Jede Kugel wird mit echtem Sterling-Silber verspiegelt und innen mit einer reinen Silberlösung gefüllt. Dadurch entsteht ein wunderbarer Glanz, der einem von den geschmückten Bäumen entgegenstrahlt. Sie geben in der Verkaufsausstellung einen Vorgeschmack, wie die Kugeln kombiniert wirken. Themensortierte Bereiche machen es einfach, sich zu orientieren und seine Lieblingsfarbe zu wählen. Neben Klassikern in Rot, Gold, Silber und Weiß – auch mit Glitzer – gibt es Reflexkugeln, Zapfen oder außergewöhnliche Figuren. Sage und schreibe über 15.000 Exponate haben sich in zwei Jahrhunderten angesammelt, jedes Jahr kommen neue kreative Ideen hinzu, wie beispielsweise die Märchenfiguren Schneewittchen und die sieben Zwerge oder „Süßes" für die Tanne, wie Waffeln, Hörnchen, Tortenstückchen, Windbeutel oder Zimtschnecken. Neben dem großen Sortiment finden sich mit Schwibbögen, Räuchermännchen und Nussknackern weitere winterliche Artikel, die jeden Raum in ein märchenhaftes Winterland verwandeln können.

TIPP

Weihnachtstraditionen im Wandel der Geschichte – das Motto des Weihnachtsmuseums in der 1. Etage.

● Alte Weihnachtsfabrik, Sternenweg 2, 96465 Neustadt bei Coburg, Tel. (0 95 68) 89 19 30, www.weihnachtskugeln.com

Erdfeuer und Wasser

58 ThermeNatur in Bad Rodach

Im Strandkorb mit Blick auf die hügelige Landschaft des „Grünen Bandes“ mitten in der Natur ein Buch lesen, anschließend im angenehm warmen Wasser entspannen oder auf dem Baumwipfelpfad die Welt um sich herum für einen kurzen Moment vergessen. In der ThermeNatur in Bad Rodach macht der Alltag eine Pause. Obwohl die charmante und gemütliche Wellnessoase mehr als 1000 Quadratmeter Wasserfläche hat, fühlt man sich wie in einem ganz persönlichen Spa mit mehreren Innen- und Außenbecken, einem Dampfbad, Kneippanlagen, einem Entschlackungsbad, Solebecken mit Strömungskanal, einem Tepidarium und vielen Rückzugsmöglichkeiten. Die sprichwörtliche Quelle der Entspannung kommt in Bad Rodach tief aus der Erde – das gesunde, mineralische 32°C bis 34°C warme Heilwasser verleiht der Therme das Qualitätssiegel „Staatlich anerkannter Heilquellenkurbetrieb“. Das flüssige Lebenselixier setzt sich hier aus zwei Thermalquellen zusammen – eine entspringt aus 652 Metern Tiefe, die andere, eine Kalzium-Magnesium-Sulfat-Thermalquelle, in 1015 Metern Tiefe. Das sorgt für pures Wohlbefinden! Um ein anderes Element dreht sich die 5-Sterne-Premium Saunawelt „Erdfeuer“. An offenen Feuerstellen lässt es sich gesund schwitzen, genau wie in den Blockhaus-Saunen, die aus bis zu fünfhundert Jahre altem finnischen Kiefernholz bestehen. In der Erdhügelsauna mit ihrem begrünten Dach mag sich mancher Saunagänger wie im Auenland in „Der Herr der Ringe“ fühlen. Im Ruhebereich wird die Natur mit einem einzigartigen Baumwipfelpfad auf mehreren Ebenen von draußen nach drinnen geholt. Schiefer, Birken, der Boden in Fossilienoptik, ein knisterndes Feuer im Kamin und Ruhe-Kokons sorgen für eine naturnahe, exklusive Wohlfühlumgebung mit hohem Entspannungsfaktor. Doch das Element Wasser kommt auch hier ins Spiel: Im Heilwasserbecken und einem Solegradierwerk kann man tief durchatmen und Körper und Geist noch mehr Gutes tun.

TIPP

An den Sprudeldüsen die Muskeln entspannen – auf verschiedenen Höhen im Außenbecken.

● ThermeNatur Bad Rodach, Thermalbadstraße 18, 96476 Bad Rodach, Tel. (0 95 64) 9 23 20, www.therme-natur.de
● ÖPNV: Bus 216, 8315.1 (mit Voranmeldung), Haltestelle Bad Rodach Thermalbad

Abenteuer im Schnee

59 Winterwanderung bei Kleinziegenfeld

Der Schnee knirscht geheimnisvoll unter den Schuhen. Die Sonne lässt die weiße Pracht glitzern, Frost schmückt die Bäume. Ein kleiner Bach sprudelt vorbei. Im Hintergrund spitzen immer wieder Gesteinsformationen hindurch. So könnte man diese Wandertour beschreiben, die besonders durch ihre Naturvielfalt reizt. An manchen Stellen ist Trittsicherheit gefragt, festes Schuhwerk und warme Kleidung sind unbedingt erforderlich.

Wir beginnen den Rundweg Nr. 4 an der Weihersmühle (der Weg kann an beliebigen Punkten gestartet werden) immer am Wald und an einem Bach entlang bis zur Schrepfersmühle, die zur Einkehr einlädt. Nach der kleinen Brücke, die nur aus einer Holzlatte mit Geländer besteht, nicht geradeaus zur Mühle laufen, sondern links halten. Weiter geht es eng am Bach entlang und über einen eingefrorenen, kleinen Wasserfall. Der malerische Weg führt weiter zwischen Wald und Felsformationen auf der einen und dem Bach auf der anderen Seite entlang, bis es schließlich auf geschwungenen Wegen und zwischen Wacholderbüschen bergauf geht – zwei prächtige Felswände im Blick. Immer weiter aufsteigend, gelangt man an einen Aussichtspunkt mit einer Bank, auf der man sich an einem herrlichen Wintertag von Sonnenstrahlen wärmen lassen und den Ausblick in das Tal genießen kann. Der Rundweg führt dann eigentlich wieder zurück, doch es lohnt sich, noch ein Stück weiter zu den benachbarten Felsen zu gehen, von dort hat man eine herrliche Aussicht zur anderen Talseite mit beeindruckenden Felsformationen, Wald und Wacholderheide. Zurück auf dem Rundweg Nr. 4 läuft man an weitläufigen Feldern vorbei in den malerischen Wald. Man hört nur die eigenen knisternden Schritte auf dem Schnee und das Zwitschern der Vögel – ansonsten genießt man die herrliche Ruhe. Mit etwas Glück springen Rehe vorbei. Auf dieser malerischen Wanderung zeigt sich die Natur in ihren schönsten winterlichen Facetten, ist aber auch zu anderen Jahreszeiten sicherlich einen Ausflug wert.

TIPP

Heißgetränk in einer Thermosflasche zum Aufwärmen für eine Pause einpacken.

- Winterwanderung, Rundweg Nr. 4 ab Parkplatz Weihersmühle, 96260 Weismain
- ÖPNV: Bus 1234, Haltestelle Weihersmühle (b. Weismain)

Die Perspektive wechseln

60 Architektonische Besonderheit: Coburger Erker

Bei diesem ungewöhnlichen Glücksort muss man stehenbleiben und den Kopf in den Nacken legen. Strahlt der Coburger Marktplatz schon einen ganz eigenen Charme aus, lohnt es sich, einer weiteren architektonischen Besonderheit Aufmerksamkeit zu schenken: dem „Coburger Erker". Wie der Name bereits andeutet, ist dieser einzigartig, man findet ihn so nur in der Vestestadt. Schaut man genauer hin, erkennt man seine baulichen Merkmale: Er ist zweistöckig, hat eine tragende Säule an der Ecke des Gebäudes und eine welsche Haube. Insgesamt fünf Coburger Erker gibt es: am Rathaus, am Haus Markt 6 und am Schloss Ehrenburg sowie zwei am Stadthaus. In ihrer Gestaltung unterscheiden sie sich, jedoch weisen sie allesamt die genannten prägenden Elemente aus dem Ende des 16. Jahrhunderts auf. Die Coburger Erker liegen eng beieinander und können bestaunt werden, indem man einmal den Marktplatz umrundet und über die Steingasse zur Ehrenburg gelangt.

So wunderschön der Renaissancebau des Stadthauses mit seinen Giebeln an den Schmalseiten, verzierten Zwerchhäusern an der Vorderseite und dem Portal bereits ist, die beiden Coburger Erker sorgen noch für das architektonische i-Tüpfelchen. Man sollte sich unbedingt Zeit nehmen, um die Details am ehemaligen Kanzleigebäude zu betrachten. Da kann man zum Beispiel unter den Fenstern farbige Embleme erkennen, die aus dem großen Staatswappen des Herzogs Johann Casimir übernommen wurden. An dem Erker Richtung Herrngasse wurden die Tugenden Caritas (Liebe) und Fides (Glaube) abgebildet, Justitia (Gerechtigkeit) und Spes (Hoffnung) sind auf der anderen Seite angebracht. Die Coburger Erker mit ihren architektonischen Details zeigen, dass es sich lohnt, manchen Gebäuden einen weiteren Blick zu schenken, um Besonderheiten zu entdecken.

TIPP
Einen Blick hinter die bogenförmigen Schaufenster der kleinen Läden im Stadthaus werfen.

- Coburger Erker am Stadthaus, Markt 10, 96450 Coburg
- ÖPNV: Alle Linien, Haltestellen Albertsplatz, Ehrenburg, Theaterplatz

CO
COBURG
HIER BIN ICH
RICHTIG

Die gewisse Raffinesse

61

Restaurant am Froschgrundsee

„Einmal Carpaccio vom Lachs und der Jakobsmuschel mit geäschertem Lauch, Wasabi-Baiser, Brotchips und eingelegten Radieschen, lasst es euch schmecken!" Bei dieser Vorspeise stimmt einfach alles: die überraschende Kombination, die moderne Präsentation und der intensive Geschmack. Am Froschgrundsee kann man kulinarische Highlights auf höchstem Niveau genießen – das Werk von Loreen und Hannes Scammell. Die beiden ergänzen sich perfekt: Als Küchenchef kombiniert er mutig verschiedene Aromen und macht sie zu wahren Gaumenschmeichlern, sie sorgt mit ihrer herzlichen Art für die Wohlfühlatmosphäre und gekonnte Präsentation der Speisen. Das sympathische Paar arbeitete bereits rund um den Globus in der Gastronomie, unter anderem in Schweden, New York, Hamburg und Südafrika, bevor es sie 2017 zurück in Loreens Heimat nach Oberfranken zog.

TIPP
So eine kulinarisch-kreative Küche ist beliebt – deswegen unbedingt einen Tisch reservieren!

Auf ihrer Karte stehen regionale Speisen mit dem kulinarisch-kreativen Etwas, die mit Leidenschaft und Können zubereitet und vom zuvorkommenden Team serviert werden. Butterzarte Ochsenbäckchen werden mit knackfrischem Marktgemüse kombiniert, das im Smoker gegarte, saftige Pulled Pork lässt man sich mit würziger BBQ-Soße auf Coleslaw und knackigem Kartoffelbrot schmecken. Bei Hannes und Loreen stehen die Lebensmittel im Mittelpunkt, natürlich schonend und gesund zubereitet. Auch der verantwortungsvolle, nachhaltige Umgang mit den Ressourcen ist ihnen sehr wichtig.

Alle Teller werden so ansprechend angerichtet, dass man seinen Blick kaum abwenden kann. Doch es lohnt sich: Das gemütliche Interieur aus hellem Holz und grauen Lampen spiegelt Tradition und Moderne wider, auf der Terrasse verleiht der Ausblick auf den Froschgrundsee dem Restaurant eine weitere besondere Note. Ob an einem warmen Sommer- oder kühlen Herbsttag, immer werden alle Sinne verwöhnt und man fühlt sich rundum willkommen, wenn man die Teller mit einem Lächeln serviert bekommt und sicher sein kann, dass in der Küche jedes Detail mit Hingabe zubereitet wurde.

- Restaurant Froschgrundsee, Schönstädt 14, 96472 Rödental/OT Schönstädt, Tel. (0 95 63) 80 13, www.restaurant-froschgrundsee.de
- ÖPNV: Bus 720, Haltestelle Froschgrundsee Nord

Fachwerk & kleine Gassen

62 Flanieren durch die Obere Stadt in Kronach

Sie wird als Geburtsstätte eines der bedeutendsten deutschen Maler auch Lucas-Cranach-Stadt oder auf fränkisch Kronich genannt: Kronach. Über der Altstadt thront die Festung Rosenberg, die nie erobert wurde und deren Geschichte genauso begeistert wie ihre Architektur und das unterirdische Gangsystem. Ebenfalls sehenswert: Die Fränkische Galerie, ein Zweigmuseum des Bayerischen Nationalmuseums, im Südflügel der Burg. In ihr sind zahlreiche Werke, vor allem fränkischer Kunst des 13. bis frühen 16. Jahrhunderts, unter anderem auch von Lucas Cranach d. Ä., ausgestellt.

Zu diesem Glücksort passt das Motto: Der Weg ist das Ziel. Denn dieser ist mindestens so beeindruckend wie die Festung selbst. Die Obere Stadt – sie liegt zwischen Unterer Stadt und der Festung auf einem Bergsporn – versprüht einen ganz besonderen Charme und bietet an jeder Ecke ein neues Fotomotiv. Hier spürt man nahezu überall die Ursprünge des spätmittelalterlichen Kronachs und seine über 1000-jährige Geschichte. Über die gepflasterte Straße läuft man durch das Bamberger Tor, das einzige erhaltene Kronacher Stadttor, in die Altstadt. Auf seiner Außenseite befindet sich das Wappen der Stadt und des Hochstifts Bamberg, auf der Innenseite eine Fachwerkfassade. Im Hintergrund spitzt die gotische Stadtpfarrkirche hervor. Die Fensterläden über dem Tor sind bunt gestreift und geben bereits einen Vorgeschmack darauf, was dahinter auf einen wartet – kleine Gassen mit pittoresken Gebäudeensembles, die unter anderem auf den Marktplatz mit dem historischen Rathaus von 1583 führen. Die Architektur in der Oberen Stadt ist sehenswert, egal von welcher Gasse aus man sie betritt – kleine Türmchen, Fachwerkhäuser, die vollständig erhaltene Stadtmauer, verspielte Erker, wunderschön restaurierte Häuser, dazwischen kleine Cafés und Restaurants. Die Obere Stadt lädt zum Entschleunigen, Genießen und auch zum Staunen ein.

TIPP

Noch mehr historische Geschichten erfährt man bei einer Führung durch die Obere Stadt.

● Obere Stadt, 96317 Kronach

Blick in die grüne Oase

63

Bank im Hofgarten

Ein üppig grüner Rückzugsort in der Stadt, der in der warmen Jahreszeit zum Entspannen, Spazieren oder Picknicken und im Winter, wenn das Veilchental verschneit ist, zum rasanten Schlittenfahren einlädt – der Hofgarten. Die breiten Wiesen, sanft geschwungenen Hügel und teilweise exotischen Bäume machen der blaublütigen Geschichte Coburgs alle Ehre. Und das liegt nicht nur daran, dass der beliebte Hofgarten sanft ansteigend oder steiler über Treppen direkt zur Veste führt und den Schlossplatz mit der Burg verbindet. Ein ganz besonders schönes Plätzchen findet sich unterhalb der Veste. Folgt man aus dem Hofgarten kommend den vielen Stufen nach oben, wird man nach einem guten Stück Aufstieg belohnt. Bei der ersten Biegung nach rechts führt der Weg leicht geschwungen zu zwei Bänken mit toller Aussicht. Die erste Bank steht unter einem prächtigen Baum, der im Sommer angenehmen Schatten spendet – ein perfekter Glücksort für eine verdiente Pause. Von hier hat man zudem einen fantastischen Blick in den grünen Hofgarten.

Dieser entstand als Landschaftspark nach englischem Vorbild im 19. Jahrhundert unter Herzog Ernst I. und Ernst II. Seine Geschichte reicht jedoch noch weiter zurück. Ursprünglich wurde er nahezu quadratisch und nach streng geometrischen Formen als Barock-/Rokokogarten angelegt. Bei einem Spaziergang kommt man am Reiterdenkmal, dem Naturkunde-Museum, Spielplätzen und Pavillons vorbei. Bemerkenswert sind die rund 64 Baumarten aus 40 Baumgattungen, darunter faszinierende Exemplare aus aller Welt: der Katsurabaum, der auf Deutsch Kuchenbaum heißt, weil dessen abgefallene Blätter nach Lebkuchen riechen, der sehr seltene Gelbholzbaum aus Nordamerika, der Bergahorn, der von Portugal bis zum Kaukasus weit verbreitet ist, oder der Mammutbaum, der in seiner Heimat Kalifornien gewaltige 80 Meter und bei uns stattliche 50 Meter erreichen kann. Dabei sind die ältesten Bäume im Park sogar bis zu 350 Jahre alt. Beeindruckend, wie viele Facetten der Hofgarten zu bieten hat!

TIPP

Ein Buch mitnehmen: Beim Lesen im grünen Hofgarten lässt es sich besonders gut entspannen.

- Bank im Hofgarten, 96450 Coburg
- ÖPNV: Alle Linien, Haltestellen Ehrenburg, Theaterplatz

Obermaintal-Terrasse

64 Auf den Staffelberg in Bad Staffelstein

„Einmal halb und halb, bitte" – so lautet die typische Bestellung in der Staffelberg-Klause auf dem gleichnamigen Berg. Dahinter verbirgt sich Salzfleisch und weißer Käse, ein Bier darf dazu natürlich nicht fehlen. Doch diesen Genuss muss man sich erst einmal verdienen. Mehrere Wege führen auf den 539 Meter hohen Staffelberg, wie sogar ein Stück auf dem Jakobsweg ab der Wallfahrtskirche Vierzehnheiligen. Besonders schön ist auch die kleine Naturwanderung ab Loffeld, über Feldwege und an Wiesen entlang geht es stetig bergauf zum faszinierenden „Berg der Franken", der bei Einheimischen und Touristen gleichermaßen beliebt ist. Die Besonderheit des Staffelbergs ist das Hochplateau, von dem aus man nicht nur weit über das Obermaintal sehen kann, sondern auch die beiden weiteren bekannten Sehenswürdigkeiten: die Basilika Vierzehnheiligen und das Kloster Banz. Sehenswert ist nicht nur die Umgebung: Auf dem Staffelberg lassen sich Reste keltischer Befestigungsanlagen finden, denn bereits ab circa 5000 v. Chr. war das Hochplateau besiedelt. Als besonders bedeutend gilt ein keltisches Oppidum um 150–50 v. Chr. Zu entdecken gibt es auch die Adelgundiskapelle aus dem 17. Jahrhundert und die Querkeles Höhle, eine Zwergenhöhle. Um die kleinen Wesen, Querkele genannt, ranken sich spannende Sagen, in denen auch der berühmte Coburger Kloß eine wichtige Rolle spielt. Wie beliebt der Staffelberg ist, zeigt sich daran, dass er meistens sehr gut besucht ist. Um mehr Ruhe zu genießen, bietet sich eine Wanderung auf den benachbarten und mit 527 Metern nur unwesentlich kleineren „Alten Staffelberg" an, der zwar nicht ganz so beeindruckend ist, dafür aber auch nicht so überlaufen. Seine Brotzeit bringt man sich am besten selbst mit, da es dort keine Einkehrmöglichkeit gibt. Das Fazit: Auf und um den Staffelberg gibt es so viel zu entdecken, dass Glücksmomente gewiss sind.

TIPP

Vom Staffelberg aus einen stimmungsvollen Sonnenaufgang oder Sonnenuntergang erleben.

● Staffelberg, 96231 Bad Staffelstein

Kunst und Köstlichkeiten

65 Café Lorla in Kronach

Gemusterte, helle Fliesen auf dem Boden, Rundbögen aus freigelegten Backsteinen, Holzvertäfelungen und künstlerische Gemälde an den Wänden sowie frische Blumen auf den Holztischen verleihen dem Café Lorla seinen unverwechselbaren Charakter. Auf der Theke stehen unter gläsernen Glocken Brownies, Cookies, Kastenkuchen und Gugelhupfe, in der Vitrine dahinter weitere hausgemachte Kuchen und Torten – im Sommer beispielsweise fruchtige Saisonklassiker wie Zwetschgen-Streuselkuchen und gedeckter Apfelkuchen. Die Köstlichkeiten kommen alle von der Schwiegermutter des Cafébesitzers: Sie backt selbst und wird von einem befreundeten Bäcker unterstützt, der nach ihren Rezepten einige der beliebten Leckereien kreiert. Der dazugehörige Kaffee mit Bohnen aus Bamberg ist besonders kräftig im Geschmack und jedes Mal ein Genuss. Fallen dann noch Sonnenstrahlen durch die Terrassentür, schmeckt er gleich noch aromatischer.

Wo man heute im gemütlichen Café oder an einem der beiden Tische auf der kleinen Terrasse sitzen kann, sah es noch vor ein paar Jahren ganz anders aus. Der Café-Besitzer sanierte das Gebäude von Grund auf und gestaltete es hell und freundlich. Nur die Holztische, an denen man jetzt eine köstliche Pause mit süßen oder herzhaften Speisen genießen kann, erinnern noch an die Vorbesitzer. Doch auch die Möbelstücke haben einen neuen Schliff erhalten – quasi ein Stück Geschichte in neuem Glanz. Auch wenn das Café komplett erneuert wurde, bekommt es dennoch von Zeit zu Zeit einen anderen Look. Seine Wände dienen nämlich auch als Leinwand für wechselnde Ausstellungen, die künstlerische Akzente setzen. Die Werke können nicht nur betrachtet, sondern auch erworben werden. Die hausgemachte Backkunst auf dem Teller und die Kreativkunst an den Wänden machen das Café Lorla zu einem ganz besonderen Ort.

TIPP

Den hellen Platz an der Terrassentür wählen – er ist die perfekte Mischung aus drinnen und draußen.

- Café Lorla, Amtsgerichtsstraße 2, 96317 Kronach, Tel. (0 92 61) 5 06 39 93
- ÖPNV: Bus 1, 12, 4999, Haltestelle: Auf der Schütt

Aussicht mit Geschichte

66 Picknicken im Hofgarten

Auf der Picknickdecke liegen Obst, Käse, ein Baguette und als Nachtisch etwas Gebäck. Dazu gibt es ein fränkisches Bier. Frische Luft macht ja bekanntlich hungrig und durstig. Die süßen und herzhaften Leckereien kauft man am besten am Markttag oder deckt sich bei den nahe liegenden Cafés oder Bäckereien ein. Ein Plätzchen für ein Picknick findet sich immer auf den weitläufigen Wiesen im Hofgarten, eine besonders schöne Aussicht hat man unter dem Reiterdenkmal von Herzog Ernst II. von Sachsen-Coburg und Gotha. Hier ist die Geschichte der Stadt allgegenwärtig und quasi greifbar. Dass der Hofgarten nach englischem Vorbild zu einem großzügigen Landschaftspark umgestaltet wurde, haben die Coburger seinem Vater Ernst I. und ihm zu verdanken. Doch erst einmal zog es ihn in die weite Welt. Von seinen ausgedehnten Reisen durch Europa und Afrika brachte er außergewöhnliche Dinge mit, die er gemeinsam mit den Sammlungen seines Bruders Albert im „Herzoglichen Kunst- und Naturaliencabinet" zusammentrug. Diese Sammlung bildete später die Basis des heutigen Naturkunde-Museums. 1844 trat er in die Fußstapfen seines Vaters und setzte dessen Bestrebungen fort, wie die Gestaltung des Hofgartens und typische Arrondissement-Form des Schlossplatzes, die mit dem Bau der Reithalle entstand. Bevor der Hofgarten 1860 in seinem heutigen Aussehen fertiggestellt wurde, wurde bereits 1857 bekannt gegeben, dass der Park nun auch der Öffentlichkeit zugänglich ist.

Doch nicht nur das Denkmal erinnert an die blaublütige Geschichte Coburgs, sondern auch der Ausblick, der einem von hier oben zu Füßen liegt: die prächtige Ehrenburg auf der linken, das Landestheater und Edinburgh-Palais auf der rechten Seite, ein akkurat angepflanztes Rondell dazwischen und die detailverliebten Fassaden der Innenstadt geradeaus. Ein Picknick an dieser Stelle im Hofgarten bringt die Plätze der Geschichte mit den regionalen Spezialitäten zusammen. Hier lässt es sich gut aushalten!

TIPP

Im Sommer ist der Schlossplatz Kulisse für Open-Air-Konzerte oder das grandiose Samba-Festival.

- Picknicken im Hofgarten, Reiterdenkmal Herzog Ernst II., 96450 Coburg
- ÖPNV: Alle Linien, Haltestellen Ehrenburg, Theaterplatz

Pure Kreativität

67

brinarina – Stoffe & Nähart

Sie haben verspielt-florale Muster, wilde Leoprints, Streifen und Punkte, sind mal knallig-bunt, aber auch pastellig-zurückhaltend oder dezent-einfarbig: die wunderschöne, handverlesene Auswahl an Stoffen im Nähladen brinarina. Er trägt die Handschrift und den Spitznamen der Besitzerin Sabrina Kerscher. Auf dem großen Tisch in der Mitte des Ladens schneidet sie die Meterware zu, die Stoffballen liegen sauber aufgereiht in den hohen Schränken daneben. Passend dazu werden liebevoll ausgesuchte Details angeboten, mit denen sich das eigene Nähprojekt oder auch die fertigen Stücke aus ihrem Laden individuell verschönern lassen. Zudem kann man zwischen hippen Dekoelementen, Taschen kleiner Labels und von Sabrina selbst kreierten, lokalen Hoodies und sogar Gin stöbern. Kurz raus aus dem Alltag und sich mit schönen Dingen umgeben, das ist ihre Intention – und die spürt man: Hier liegt so viel Kreativität in der Luft!

TIPP

Kreativ mit Anleitung: Nähpakete voller Stoffe und Zubehör machen besondere Stücke möglich.

Der angemessene Rahmen dafür wurde mit dem Münzmeisterhaus gefunden, einem zentralen, charmanten Altbau, außen wie innen. An den großen Fenstern warten die Nähmaschinen darauf, die hochwertigen Materialien in ein luftiges Sommerkleid, eine kuschelige Strickjacke oder einen Rucksack zu verwandeln. Doch bevor die erste Naht entsteht, müssen Stoffe und Schnitte sorgfältig ausgewählt werden, zum Beispiel aus der eigenen Kollektion oder ihren Nähbüchern, worauf sie sehr stolz ist: „Dass meine Arbeit so vielfältig ist, bedeutet pures Glück für mich." Leidenschaft und Erfahrung gibt sie in Kursen für Kinder, Anfänger und Fortgeschrittene weiter. Für noch mehr Inspiration tauscht man sich einfach mit Sabrina aus, die ihre eigene meist in den großen Metropolen findet. Doch auch wenn die gebürtige Coburgerin viele Jahre in München verbracht hat, steht heute für sie fest, dass ihr Coburg alles bietet, was sie zum Glück braucht.

- brinarina – Stoffe & Nähart, Ketschengasse 7, 96450 Coburg, Tel. (0 95 61) 7 09 95 61, www.brinarina.de
- ÖPNV: Bus 2, 3, 4, Haltestelle Albertsplatz

Auszeit in der Natur

68 Panoramaweg ab Alter Schäferei

Traditionelles Fachwerk mitten in der Natur, knuffige Coburger Fuchsschafe auf der Wiese, wenn man Glück hat, toben sogar kleine Lämmchen herum: Die Alte Schäferei ist Ausgangspunkt dieser Rundwanderung. Immer dem Schild „Panoramaweg 1" folgend, geht es über Stock und Stein durch den Wald und vorbei an Feldern, bis man zu einem Miniaturhotel gelangt, das im Sommer auf Hochtouren brummt – ein Insektenhotel. Die Schönheit der Natur erleben und dabei etwas lernen, steht anschließend auf dem Programm. Unser Weg über eine Allee ist gesäumt von Holunderbüschen, Fichten, Birken und einem Lerchenfenster, darauf weisen die zahlreichen Infotafeln hin, die viel Wissenswertes vermitteln. Hier heißt es, sich Zeit für die Naturvielfalt zu nehmen. Der Lehrpfad des Biobetriebs Sebald möchte damit auch ein Bewusstsein für die Faszination Landwirtschaft schaffen. Auf einer Schautafel am Ende des Laubenganges können Jung und Alt noch mehr über den Lebensraum Feldflur erfahren. Der Panoramaweg führt, kurz über die Bundesstraße, weiter durch den Wald, bis man an eine kleine Lichtung mit überdachtem Picknickplatz gelangt. Mit Blick auf den Ort Ahorn kann man hier wunderbar eine Rast einlegen. Sollte die Bank schon belegt sein, bietet die Wiese Platz für eine mitgebrachte Decke.

Der Panoramaweg macht seinem Namen auch nach weiteren circa 10 Minuten alle Ehre. Eine Wiese markiert das Ende des Waldweges und den Anfang des Ortes – von hier hat man einen schönen Ausblick auf die Veste Coburg. Der Rundweg führt abschließend durch den Wald und an Feldern vorbei, bis man zum Start- und Endpunkt gelangt: der Alten Schäferei. Diese 7-Kilometer-Tour eignet sich gleichermaßen als Wochenendwanderung, kleine Naturauszeit oder Picknickausflug. Sie ist mit Wald, Wiesen, Feldern und Lehrpfad vielseitig und für die ganze Familie geeignet.

TIPP

Die Alte Schäferei mit Gerätemuseum und wunderschönem Biergarten besuchen.

- Panoramaweg 1, Rundwanderung mit Start- und Zielpunkt: Alte Schäferei, Schäferei 2, 96482 Ahorn, www.schaeferei-ahorn.de
- ÖPNV: Bus 4, Haltestelle Ahorn Schäferei

Im Schatten des Innenhofs

69 Albrechtsbrunnen

Man begegnet ihnen beim Einkauf auf dem Markt, beim Bummeln durch die Gassen oder bei einem Kaffee am Nachmittag – den rund 30 Coburger Brunnen, die das Bild der Innenstadt prägen. Manche von ihnen sind noch aktiv, ihr Plätschern hat eine beruhigende Wirkung. Besonders bunt geht es zur Osterzeit zu, denn traditionell sind sie da fest in der Hand der Schulen. Das kreative Schmücken geht dann oft über die klassischen farbenfrohen Ostereier, Hasen und Nester hinaus. Doch es lohnt sich, auch an den anderen Tagen des Jahres die Brunnen einmal genauer anzusehen.

Der Albrechtsbrunnen steht etwas versteckt, doch in einer sehr prominenten Kulisse – im Innenhof von Schloss Ehrenburg, das im 16. Jahrhundert als Stadtresidenz der Coburger Herzöge errichtet wurde. Der prachtvolle Bau erhielt seine neugotische Fassade nach Entwürfen von Karl Friedrich Schinkel erst im 19. Jahrhundert. Die beeindruckende Dreiflügelanlage zieht Touristen wie Einheimische heute immer wieder neu in ihren Bann. Vom Schlossplatz aus durchschreitet man das Hauptportal, um in den Innenhof zu gelangen. Dort steht der Albrechtsbrunnen, benannt nach Herzog Albrecht von Sachsen-Coburg. Er zählt zu den ältesten Brunnen in der Coburger Innenstadt, es gibt ihn sogar schon länger als die Ehrenburg. Bereits 1259 wurde er erbaut, damals stand hier noch ein Franziskanerkloster. 1680 kam auf der Brunnensäule die Löwenskulptur hinzu, die auf Herzog Johann Ernst hindeutet, der mit Charlotte Johanna von Waldeck verheiratet war. Als Zeichen der ehelichen Verbindung trägt das stolze Tier das Vereinigungswappen von Sachsen, Waldeck und den Elefantenorden. Der Brunnen ist wahrlich eine Art steingewordener Zeuge jahrhundertealter Coburger Geschichte und zeigt, dass es sich auch bei prachtvollen Bauten lohnt, genauer hinzusehen, um ruhige Ecken an beliebten Plätzen zu finden.

TIPP

Die App www.trinkwasser-unterwegs.de zeigt an, aus welchen Brunnen auch getrunken werden kann.

- Albrechtsbrunnen im Innenhof von Schloss Ehrenburg, Schloßplatz 1, 96450 Coburg
- ÖPNV: Alle Linien, Haltestellen Ehrenburg, Theaterplatz

Geschichten auf die Ohren

70

Hörpfade im Coburger Land

Es beginnt mit einem Geräusch, das jedem Franken bestens vertraut ist: dem Einschenken eines Bieres. Da läuft einem nicht nur das Wasser im Mund zusammen, sondern auch die Ohren werden gespitzt. Denn die lauschen spannenden Informationen rund um das flüssige Kulturgut – und zwar aus dem Smartphone. Auf dem Hörpfad Seßlach ist das Kommunbrauhaus eine der Stationen dieser ganz besonderen Hör-Wanderung. Es sind vor allem Geschichten, die hier im Vordergrund stehen, aber auch Wissen und ganz viel fränkisches Lokalkolorit. An die Hand – oder besser gesagt an die Ohren – genommen wird man von den Hörpfaden in Ahorn, Bad Rodach, Lautertal, Meeder, Neustadt bei Coburg, Niederfüllbach, Seßlach und Sonnefeld. Produziert wurden sie von der Volkshochschule Coburg Stadt und Land. Die akustischen Wanderführer wollen wieder Bewusstsein und Wertschätzung für die eigene Heimat schaffen. Gleichzeitig werden den Touristen auf diese Weise auch Orte rund um Coburg nähergebracht, die auf den ersten Blick vielleicht nicht unbedingt zu den typischen Sehenswürdigkeiten zählen, doch für die regionale Kultur durchaus eine Bedeutung haben. Es ist so, als hätte man seinen persönlichen Reiseleiter neben sich – und zwar nicht nur einen, sondern gleich mehrere. Bürgerinnen und Bürger erzählen die interessanten Geschichten, wodurch sie besondere Authentizität erhalten. Man gewinnt Einblicke und Eindrücke, wie sonst nur in Gesprächen mit Einheimischen. Die O-Töne und charakteristischen Hintergrundgeräusche auf den Hörpfaden erzeugen dabei eine lebendige Atmosphäre: Auf dem Weg zur Alexandrinenhütte zwitschern die Vögel und man hört jeden Schritt – so als würde man die Wanderung genau in diesem Moment gemeinsam unternehmen.

TIPP

Die Wanderung kann auch auf dem Sofa stattfinden, einfach lauschen und bequem entdecken.

● Hörpfade im Coburger Land, www.hörpfade-coburg.de

Markt-Passage

130 Stufen zum Panorama

71

Henneberger Warte auf dem Georgenberg

Von diesem Glücksort lassen sich gleich mehrere Sehenswürdigkeiten in unterschiedlichen Himmelsrichtungen bestaunen: der Henneberger Warte. Da wären die Veste Coburg, die Veste Heldburg, Kloster Banz oder solche Natur-Sehenswürdigkeiten wie der Staffelberg und der weit ausladende Thüringer Wald – man braucht nur etwas Puste, um die 130 Stufen des 30 Meter hohen Turms zu erklimmen. Oben angekommen, erwartet einen ein derart atemberaubendes 360-Grad-Panorama, wie man es vom Fuße gar nicht erwartet hätte. Die Aussicht ist so abwechslungsreich wie die umliegenden Landschaften, man sieht Wälder, breite Felder, Hügel, Burgen und zahlreiche Ortschaften.
Die Henneberger Warte ist bereits der zweite Turm auf dem Georgenberg über Bad Rodach. Erstmals wurde hier 1887 ein Holzaussichtsturm gebaut, der damals gerade einmal 11,80 Meter hoch war und nur 222,60 Mark bei 15 Mark städtischem Zuschuss kostete. Bereits nach wenigen Jahren war der Turm jedoch baufällig und musste wieder abgerissen werden. Genau 100 Jahre nach dessen Errichtung wurde die Henneberger Warte eingeweiht, um die Turmtradition fortzusetzen und dem damals noch durch die Mauer getrennten Thüringen über Blickkontakt Verbundenheit zu signalisieren. Das Ziel früher wie heute: Einheimischen und Gästen die wunderschöne Landschaft von hier oben zu präsentieren.
Um zur Henneberger Warte auf dem Georgenberg zu gelangen, gibt es mehrere Möglichkeiten: Man kann entweder direkt mit dem Auto zum Parkplatz fahren oder von der ThermeNatur in Bad Rodach auf einem circa 1,5 Kilometer langen Spazierweg nach oben wandern oder Nordic Walken. Der Georgenberg bietet sich jedoch nicht nur als Ziel an, sondern auch als Ausgangspunkt für viele Wandertouren rundherum, die zu jeder Jahreszeit ein Erlebnis sind.

TIPP

Der Duft deftiger Speisen weht einem entgegen – in der Gaststätte mit Biergarten nebenan einkehren.

- Henneberger Warte auf dem Georgenberg, 96476 Bad Rodach
- ÖPNV: Bus 216, Haltestelle Bad Rodach Kurklinik

Natur-Lieblingsplatz

72 Alexandrinenhütte auf der Sennigshöhe

Inmitten der Natur, umgeben von Feldern und Wäldern, befindet sich die aus Stein gebaute Alexandrinenhütte. Sie ist Startpunkt für erlebnisreiche Waldspaziergänge und gleichzeitig beliebtes Wanderziel: Hier lässt es sich aushalten. Und zwar am besten mit einem Stück leckeren Kuchen und einer Tasse Kaffee unter freiem Himmel. Massive Holztische und -bänke laden dazu ein, aber auch auf einer Picknickdecke unter ausladenden Bäumen lässt es sich entspannt verweilen. Dabei kann man seinen Blick weit schweifen lassen, denn an klaren Tagen hat man von hier aus eine traumhafte Fernsicht über das Coburger Land.
Benannt wurde die Hütte nach Herzogin Alexandrine, der Frau von Herzog Ernst II. Zu deren Ehren wurde hier 1907 ein Aussichtsturm errichtet, der jedoch bereits nach wenigen Jahren baufällig war, weshalb 1936 die Alexandrinenhütte gebaut wurde. Eine goldrichtige Entscheidung, denn die Hütte ist bis heute sehr beliebt.
Den Weg zur Hütte kann man je nach Fitnesslevel und Wanderlust wählen. Die kürzeste Tour startet am Parkplatz in Mirsdorf und führt in circa einem Kilometer entlang einer von Bäumen gesäumten Allee. Wer sich den Kuchen richtig verdienen und noch mehr Natur erleben möchte, verknüpft den Hüttenbesuch mit einer Wanderung ab Tremersdorf. Dabei geht es durch den idyllischen Weißbachsgrund und denselben Weg wieder zurück – insgesamt etwa 14 Kilometer ist die Strecke lang. Frische Luft macht ja bekanntlich hungrig und durstig. Neben leckeren Kuchen, wie zum Beispiel dem Streuselkuchen mit Pudding, kann man sich hier auch mit einer deftigen Erbsensuppe und diversen kleinen Brotzeiten stärken. Bewirtschaftet wird die Alexandrinenhütte ehrenamtlich von Mitgliedern des Thüringerwald-Vereins Coburg e.V. Spielt das Wetter einmal nicht mit, ist das kein Grund, der Hütte keinen Besuch abzustatten. An kühleren Tagen wärmt man sich innen auf – vor allem der kuschelige Platz am traditionellen Kachelofen ist besonders beliebt.

TIPP

Auf den Feldern rund um die Alexandrinenhütte nach Versteinerungen suchen.

- Alexandrinenhütte, Öffnungszeiten: Von Ostern bis Oktober: Samstag, Sonntag, Feiertage von 10 bis 17 Uhr, Tel. (0 95 66) 17 77, 96484 Meeder/Mirsdorf
- ÖPNV: Bus 8315, 8315.1 (teilweise mit Voranmeldung), Haltestelle Mirsdorf

THÜRINGERWALD
VEREIN
Coburg

Fränkisches Gedicht

73 Wanderung ab Vierzehnheiligen

Die Turmuhr schlägt 8 Uhr: Der Blick wandert zu den Zwillingsglockentürmen der Basilika Vierzehnheiligen. Egal aus welcher Perspektive, sie üben immer wieder eine große Faszination aus – auf einem der Wanderwege können sie aus der Nähe und der Ferne betrachtet werden. Bevor man die Tour startet, sollte man Zeit für die Besichtigung der weltberühmten Wallfahrtskirche der 14 heiligen Nothelfer einplanen. Ist ihre Fassade bereits eine imposante barocke Erscheinung, entfaltet die Kirche, die nach Plänen Balthasar Neumanns gebaut wurde, im Inneren ihre ganze Schönheit. 1743 wurde der Grundstein der heutigen Basilika gelegt, fast 30 Jahre Bauzeit waren nötig, bis sie 1772 eingeweiht wurde. Doch der Besuch dieser Berühmtheit ist nur der Anfang der Wanderung, die anschließend bergauf vorbei an der Klosterbrauerei Trunk führt. An der Abzweigung wählt man den Scheffelblick-Rundweg, benannt nach Viktor von Scheffel, der inspiriert von seinen Aufenthalten um Bad Staffelstein der Region ein Gedicht widmete, das vertont als „Frankenlied“ bekannt wurde. Über die taufrische Wiese laufen wir mit einem Summen auf den Lippen vorbei an Bäumen, bevor man durch einen wildbewachsenen Weg wie durch ein natürliches Tor in den Wald schreitet. Die Vögel zwitschern, im Herbst knistern die Blätter und es duftet nach Holz und Moos – hier fühlt man sich der Natur nah. Über breite Waldwege geht es auf und ab, aufpassen: die Abzweigung beim Schild „Wasserschutzgebiet“ nach rechts nicht verpassen, hier ist die Wegmarkierung etwas versteckt. Am Scheffelblick angekommen, breiten sich die regionalen Highlights wie auf einer Panoramapostkarte vor uns aus: zur Linken der Staffelberg, zur Rechten Kloster Banz und in der Mitte: die Basilika Vierzehnheiligen. Eindrucksvoll erheben sich ihre Türme über die Landschaft. Statt der Füße kann man den Blick wandern lassen – bei klarer Sicht weit in die Ferne. Nach einer Pause geht es über den Rundweg zurück nach Vierzehnheiligen.

TIPP

Beliebt zum Mitnehmen: Das Bier von der Brauerei Trunk, z. B. das bekannte Nothelfer Dunkel.

- Wanderung ab Vierzehnheiligen, 96231 Bad Staffelstein
- ÖPNV: Bus 1212, Haltestelle Basilika

Superlative der Epochen

74

Architekturrundgang durch Coburg

Eine Stadt lernt man auch anhand ihrer Architektur kennen. Quasi ins Mittelalter reist man vor der Hofapotheke mit ihrer steinernen, gotischen Fassade und den kleinen Dachfenstern. Läuft man von hier durch die Ketschengasse, kommt man am spätmittelalterlichen Münzmeisterhaus vorbei, dessen schöne Fachwerkfassade die Blicke auf sich lenkt. Mit seiner Pracht verweist es auf die wohlhabende Stellung der Münzmeister, die bis in das adelige Oberhaus aufstiegen und als sehr einflussreich galten. Das Gebäude von 1444 zählt zu den ältesten Fachwerkhäusern Deutschlands. Das Prädikat „ältestes" besitzt auch die Steinerne Kemenate direkt dahinter. Es ist Coburgs ältestes noch existierendes Bürgerhaus. Dieses Superlativ-Gespann erweitert das von den Münzmeistern erbaute Rosenau-Schlösschen am Rittersteich, es ist einer der ältesten genau datierten Profanbauten Deutschlands. Sehr präsent ist auch die Neugotik. Sie zieht sich als geschlossener Gürtel über zwei Kilometer durch Coburg – einzigartig in Europa. Einzigartig in Bayern ist die Landesbibliothek hinter der neugotischen Fassade von Schloss Ehrenburg. Sie beherbergt rund 500.000 Bücher. Neben über 30 historischen Sammlungen aus dem 16. bis 20. Jahrhundert sind auch Lutherbibeln aus der ersten Hälfte des 16. Jahrhunderts zu finden. Daneben ist die Vestestadt für seine Renaissancebauten bekannt, wie das Stadthaus oder das Rathaus als typische Repräsentationsbauten am Marktplatz. Außerhalb der Stadtmitte ist der Jugendstil die prägende Stilepoche der Wohn- und Geschäftsgebäude, wie zum Beispiel das detailverliebte Sonnenhaus. Wer bewusst durch Coburg schlendert, kann anhand seiner Gebäude die historische Entwicklung der Stadt über verschiedene interessante Epochen hinweg erleben.

TIPP

Bei einer Stadtführung noch mehr themenspezifische Einblicke erhalten.

● Architekturrundgang, 96450 Coburg

WILLKOMMEN IM sommer LOCH
Sommer heißt genießen!

So schön detailverliebt!

75

Romantik auf Hohenstein

Über eine kreisförmige Kiesauffahrt gelangt man zu dem mit Efeu umrankten Schloss mit seinen Türmchen und Erkern. Ein Ort, der einen in die Idylle englischer Landadelssitze versetzt. Eingerahmt wird das herrschaftliche Anwesen von einer Mischung aus akkurat geschnittenen Buchsbäumchen und einem Wald. Eine Steintreppe führt nach oben in einen wirklich malerischen Glücksort – den Innenhof des Romantik Hotels Schloss Hohenstein. Hier geht die Faszination weiter: Zwischen der alten Steinmauer, einer Fachwerkfassade, Buntglasfenstern, Farnen, Blumen und einem eingelassenen Wappen, steht auf einem Schild: Südzimmer, Mammutbaumzimmer. Denn auf Hohenstein lässt es sich königlich residieren.

Auch der Garten wirkt wie verzaubert. Zwischen alten Mauerresten und einem überwucherten Pavillon führt ein Laubengang zu einer Bank, die einen Baum umschließt. Dessen dichte Krone bildet ein natürliches Dach. Was am Garten des Romantik Hotels Schloss Hohenstein so faszinierend ist, ist seine unglaubliche Detailfülle und -verliebtheit. Die architektonischen und natürlichen Elemente verbinden sich zu einem harmonischen Ganzen. Ebenso detailverliebt mit einem Faible für Slow Food präsentiert sich die Speisekarte des Restaurants. Es wird großen Wert auf regionale Produkte und deren transparente Herkunft gelegt. Auf den Teller kommt nur beste Qualität. Einen überregionalen Hauch gibt es dann aber doch: die österreichischen Wurzeln des Küchenchefs Andreas Rehberger samt seinen langjährigen Erfahrungen in der Sterne-Gastronomie. In den Genuss seiner Speisen kommen nicht nur die Hotelgäste, das Restaurant kann regulär besucht oder für eine Feierlichkeit gebucht werden. Das Romantik Hotel Schloss Hohenstein ist ein Ort mit altenglischem Flair, einer Prise Österreich und einer engen Verbundenheit mit der fränkischen Region.

TIPP

Beliebt bei Familien mit Kindern: Die Miniwanderung „Querkelsteinweg" mit ihren Felsformationen.

● Romantik Hotel Schloss Hohenstein, Hohenstein 1, 96482 Ahorn,
Tel. (0 95 65) 9 39 31 51, www.schlosshotel-hohenstein.de

Mit Charme und Passion

76

Weinstube Alte Henne

Auf der Tageskarte über dem traditionellen Kachelofen steht heute: Gefüllte Aubergine auf Bulgur mit Tomatensoße, Rucola und Pesto, Matjesfilet Hausfrauenart mit Röstkartoffeln, als Dessert: Himbeersorbet auf Gewürzbeeren. In den Fenstern des schnuckeligen Backsteinhauses mit eingelassenen Wappen und runden, grünen Glasscheiben spiegeln sich Gemütlichkeit und Tradition wider. Der schummrige Raum strahlt den Charme einer gemütlichen Weinstube aus. In ihm wirbelt die fröhliche und sympathische gute Seele der Alten Henne, Elena Kratzert, herum und gibt kulinarische Empfehlungen. Außen bietet der romantische Wald-Biergarten die perfekte Kulisse für einen schönen Sommerabend. Die Regionalität zieht sich auch durch die Getränkekarte. Die Auswahl fällt zum Beispiel auf den Hausschoppen der Alten Henne aus dem Weingut Thomas Mend im unterfränkischen Iphofen. Dazu passt ein Klassiker: der hausgemachte Flammkuchen, knusprig mit Zwiebel-Schinken-Schmand oder fruchtig-mediterran mit Tomatensoße und gebratenem Gemüse. Vegetarische und vegane Speisen sind fester Bestandteil der regionalen und saisonalen Karte: Jeden Sonntag gibt es zusätzlich ein veganes 3-Gang-Menü. Hinter dem Herd steht der Chef des Hauses, Daniel Polzer, und kreiert mit viel Passion aus den frischen, qualitativ hochwertigen Lebensmitteln leckere Speisen, wie Salate mit hausgemachtem Kräuterbrot, Brotzeiten oder Kotelette mit Biersenfkruste. Er steht für True & Slow Food, was den Gästen bereits auf der Speisekarte nähergebracht und schmackhaft gemacht wird: Die geräucherte Forelle auf dem Flammkuchen „Fischer Art“ kommt aus der Fischzucht Seidmannsdorf, die Wildsalami von Schreiners Hofladen aus Wiesenfeld. Daniel Polzer möchte mit seinem kleinen Team ein Bewusstsein für nachhaltige Produkte schaffen und seinen Gästen einen Moment der Entschleunigung bieten. Wenn dann ein schmackhaftes Gericht aus regionalen Produkten und ein gekühltes Getränk vor einem stehen, weiß man: Glück geht durch den Magen.

TIPP

Fruchtig und unfassbar cremig: Das Orangen-Mango-Tiramisu (ohne Ei) ist ein Gedicht!

● Alte Henne, Hohenstein 6, 96482 Ahorn, Tel. (09565) 6 17 57 33
www.altehenne.de

Das gewisse Etwas

77 Stöbern im Warenhaus Seelenlust

„Mit Liebe ausgesucht“: Dieses Etikett könnte man jedem Produkt aus dem Warenhaus Seelenlust verleihen. Ob eine kuschelweiche Babydecke, ein Porzellanteller, der jedem Kaffeetisch eine persönliche Note verleiht oder ausgesuchte Spezialitäten – stöbern nach individuellen Geschenken zur Geburt, Hochzeit, für Weihnachten, einen besonderen Menschen oder für sich selbst macht hier große Freude. „Ich achte bei der Auswahl der Artikel auf Individualität, liebevolle Details, hochwertige Qualität und darauf, dass sie von möglichst kleinen Herstellern stammen. Auch die Themen Nachhaltigkeit, Fairtrade und Bio spielen für mich eine immer größere Rolle“, betont Besitzerin Dagmar Schmidt. Dabei sind die Stücke so gefragt, dass bei einem Badeanzug für Babys in dänischem Stil schon mal nachgefragt wird, ob es den auch für Erwachsene gibt.

TIPP

Unbedingt ein paar kleine schokoladige Leckereien mitnehmen – Glückshormone to go!

Für den Besuch des Warenhauses Seelenlust auf zwei Etagen sollte man sich Zeit nehmen, denn eines ist garantiert: Man wird bestimmt mehr finden als das eigentlich Gesuchte. Die Interieurstücke, schokoladigen und herzhaften Leckereien sowie einzigartigen Dekorationsartikel sind stilvoll auf Tischen, der Holztreppe oder den Fachwerkträgern arrangiert. Man spürt die Liebe für jedes einzelne Teil. Dies verströmt auch der Name des Ladens, der sich spätestens nach dem Eintreten selbst erklärt: Die Seele als Gesamtheit aller Gefühlsregungen und die Lust als inneres Bedürfnis, etwas besitzen zu wollen oder sich über etwas zu freuen. Das ergänzt sich perfekt mit dem persönlichen Glücksempfinden der Besitzerin: zufriedene Kunden, die mit einem Lächeln aus dem Geschäft gehen. Und das werden sie bestimmt – Genießer, Individualisten, Träumer, Ästheten oder einfach alle, die auf der Suche nach dem gewissen Etwas im Warenhaus Seelenlust fündig geworden sind.

● Warenhaus Seelenlust, Webergasse 32, 96450 Coburg, Tel. (0 95 61) 6 75 76 64
● ÖPNV: Alle Linien, Haltestelle Mohrenstraße

GARTEN KRÄUTER BALSAM
CAFÉ DE PARIS DIP
DILL SENF DIP
GRANATAPFEL CREMA
MANGO PAPRIKA SAUCE
FRATELLI COMINO Le Focacce alle Olive
FRATELLI COMINO Le Focacce al Rosmarino
A BEAUTIFUL OIL FOR BEAUTIFUL
salsa DI NOCI
pesto Genovese
GOCCE CONDIMENTO BALSAMICO BIANCO
RISOTTO MEDITERRANEO FERTIGMISCHUNG FÜR RISOTTO
TOAST
salsa classica
salsa piccante
BOMBA!
FOCACCINE
MANGO UNCHAINED
RIZZOLI

Wein in der Bier-Hochburg

78 Edle Tropfen bei Wein Oertel

Ein ideales Ambiente für eine Weinverkostung bieten die Gemäuer des Wein Oertel. Die Weinhandlung mit langer Tradition befindet sich im ehemaligen herzoglichen Zeughaus. In den historischen Kellergewölben sechs Meter unter Tage lagern die edlen Tropfen stilecht und bei optimalen Bedingungen – und zwar bei ganzjährigen Temperaturen zwischen 12 und 14 Grad Celsius und ausreichender Luftfeuchtigkeit. Wo früher Waffen und Harnische aufbewahrt wurden, kann man nun ganz entspannt Weine, Schaumweine und Spirituosen aussuchen. Besonders beliebt sind die Sonderabfüllungen, die Wein Oertel in enger Zusammenarbeit mit Winzern aus Franken und der ganzen Welt entwickelt, wie den „Coburg Wein Sonderbocksbeutel" vom Staatlichen Hofkeller in Würzburg, mit der Veste als klassischem Coburg-Motiv auf dem Etikett.

Historisch ist nicht nur das Gebäude, sondern auch die Geschichte der Weinhandlung, die bereits in der fünften Generation von Familie Oertel geführt wird. Schon im Jahr 1874 ging es los, damals noch mit Konditorei und Weinstube. Der Firmengründer Ludwig Oertel machte sich in der Bier-Hochburg Coburg mit seinen edlen Tropfen einen Namen und wurde dafür 1898 mit der Ernennung zum herzoglich-sächsischen Hoflieferanten gewürdigt. Bis heute spielt die Faszination für das magische Kulturgut eine große Rolle für Wein Oertel. Ob von anerkannten Weingütern oder kleineren, traditionellen Winzerhöfen – die handwerklich erzeugten Weine wurden und werden direkt von den Winzern bezogen, Massenprodukte aus Weinfabriken sind hier nicht zu finden. Die Weinhandlung geht aber auch neue, moderne Wege, wie mit ihrer Online-Vinothek oder mit einem zeitgemäßen, wechselnden Sortiment. Wer in Coburg einen guten Wein sucht, lässt sich am besten bei Wein Oertel kompetent beraten. Eine hohe Qualität und bester Geschmack sind hier garantiert.

TIPP

Bei einer Weinverkostung Klassiker und Neuheiten probieren.

● Wein Oertel, Große Johannisgasse / Zeughaus, 96450 Coburg, Tel. (0 95 61) 9 20 92, www.wein-oertel.com
● ÖPNV: Alle Linien, Haltestelle Theaterplatz

STAHL
BAUER

Fühlt sich gut an

79

Nachhaltig shoppen bei Nachhall

Auf den hölzernen Bügeln hängen hochwertige Kleidungsstücke, auf dem Tresen in der Mitte wird ausgewählter Schmuck präsentiert. Die liebevoll arrangierten Pflanzen versprühen eine einladende Atmosphäre. Bereits beim Betreten des kleinen, hellen Ladens mit den großen Schaufenstern hat man ein gutes Gefühl und merkt, dass Nachhaltigkeit hier einen besonderen Stellenwert besitzt. Es war eine Entscheidung des Herzens, als Marie Ebert, die eigentlich Ingenieurin ist, 2020 Nachhall eröffnete: „Für mich war es ein inneres Bedürfnis, eine echte Alternative zu konventionell hergestellter Mode zu schaffen. Mir geht es aber um mehr, nämlich darum, Impulse für ein ökologisch und sozial nachhaltiges Leben zu geben. Dabei lasse ich allen offen, wie viel sie über faire Mode und Nachhaltigkeit erfahren möchten." Sie beschäftigt sich seit 2015 intensiver und umfassend mit diesen Themen. Bei Nachhall findet man ausgewählte faire Modelabels, wie Armed Angels aus Köln, JAN 'N JUNE aus Hamburg, Embassy of Bricks and Logs aus Essen, Franziska Klee aus Leipzig, aber auch internationale nachhaltige Marken, wie Thinking Mu aus Barcelona und Schmuck von A Beautiful Story mit Sitz in Amsterdam. Produziert wird nicht nur in Europa, sondern auch in Indien, China und Nepal. Mit einem nachhaltigen Konzept widerspricht sich das nicht, betont Marie. Es gilt, dafür zu sorgen, dass auch in Asien humane Arbeitsbedingungen und eine ressourcenschonende Herstellung zu Standards werden – Nachhaltigkeit hat viele Facetten. Ihre Einstellung spiegelt sich auch im wunderschönen Interieur von Nachhall wider: Stühle und Bilderrahmen sind vom Bamberger Gebrauchtwarenhaus, Töpfe und Pflanzen von „Plan B" um die Ecke und die feste Einrichtung von der ehemaligen Besitzerin. Ein durch und durch nachhaltiges, regionales Konzept. Das ist es, was für sie Glück bedeutet: dass sich faire Kleidung so gut anfühlt, und zwar nicht nur auf der Haut. „Und etwas Eigenes zu erschaffen", ergänzt sie. So wie Nachhall.

TIPP

Im Gespräch mit Marie mehr Wissenswertes über das Thema Nachhaltigkeit erfahren.

- Nachhall, Herrngasse 10, 96450 Coburg, Tel. (0 95 61) 7 95 53 66 www.nachhall-mode.de
- ÖPNV: Bus 1, 4, 5, 6/66, 7, 10, Haltestelle Ehrenburg

Kultur- und naturverliebt

80 Kloster Banz in Bad Staffelstein

Auf der einen Seite führt die gebogene Steintreppe nach oben, auf der anderen schreitet man nach unten – mit weitem Blick in die Ferne. An dieser etwas versteckten Außenterrasse innerhalb der überwältigenden Anlage von Kloster Banz kann man durchschnaufen und die Aussicht vom gleichnamigen Banzberg über das Maintal genießen. Der Eingang der Stiftskirche Kloster Banz über der steinernen Außentreppe ist dabei mindestens so beeindruckend wie der Rest der ehemaligen Benediktinerabtei.

Tritt man durch das Eingangstor von Kloster Banz, ist man erst einmal gebannt von der Erscheinung des mächtigen Hauptgebäudes, in dem heute die Bildungsstätte der Hanns-Seidel-Stiftung untergebracht ist. Ein Blick nach oben lohnt sich: Dort befindet sich eine kleine, humorvolle Überraschung – zwei blecherne Drachen übernehmen die Wache. Einblicke in die heutige Nutzung erhalten und gleichzeitig in die Vergangenheit reisen kann man bei einer Führung mit Besuch des Museums. In drei Dauerausstellungen erfährt man etwas über die Geschichte des Klosters, kann die weltweit einzigartige Orientalische Sammlung von Herzog Max in Bayern, dem Vater von Kaiserin Sisi, sowie eine berühmte Fossiliensammlung besuchen. Sie zählt zu den ältesten paläontologischen Ausstellungen in Bayern. Zudem finden im Museum wechselnde Sonderausstellungen zeitgenössischer Kunst statt.

Doch es gibt noch weit mehr zu entdecken. Auf einer Bank gegenüber von Kloster Banz kann man entspannen und die herrliche Aussicht genießen. Noch höher hinaus geht es im danebenliegenden Waldklettergarten. Wer stattdessen die Umgebung erkunden möchte, der begibt sich auf eine der vielfältigen Wandertouren. Bei Kloster Banz findet jeder, ob kulturinteressiert, naturverliebt oder sportbegeistert, den passenden Platz zum Glücklichsein.

TIPP

Im Sommer findet vor gigantischer Kulisse das musikalische Festival „Lieder auf Banz" statt.

- Kloster Banz, 96231 Bad Staffelstein
- ÖPNV: Bus 1254 (nur mit Voranmeldung), Haltestelle Kloster Banz

EINFAHRT
VERBOTEN
WC

Ich bin voller kreativer Ideen und Träume.
Danke, Mama und Papa, dass ihr immer an mich glaubt, mich ermutigt und bei allem hinter mir steht. Danke für eure motivierenden Worte und Tipps, die Wochenenden in Coburg und das liebevoll zusammengestellte Anti-Stress-Paket.

Danke Helmut, dass du dieses Projekt gemeinsam mit mir umgesetzt hast — deinen Blick für besondere Details spürt man bei jedem deiner Bilder, die dem Reiseführer diese wundervolle Stimmung verleihen. Danke, dass du alle meine Schreib-Stimmungslagen ertragen hast, mit mir jeden Text durchgegangen bist, wir unvergessliche Foto-Touren erlebt haben, du mich bei meinen unzähligen Fragen unterstützt hast und ganz wichtig: mich mit deinen Snacks und dem besten Kaffee immer wieder zum Lächeln bringst.

Bei euch ist mein persönlicher Glücksort.

Bibliografische Informationen der Deutschen Nationalbibliothek
Die Deutsche Nationalbibliothek verzeichnet diese Publikation in der Deutschen Nationalbibliografie; detaillierte bibliografische Daten sind im Internet über http://dnb.d-nb.de abrufbar.

Konzeption/Satz: Droste Verlag, Düsseldorf
Einbandgestaltung und Illustrationen: Britta Rungwerth, Düsseldorf, unter Verwendung von Bildern von © Fotolia.com: jd – photodesign.de; © iStock: Plociennik Robert
Fotos: Helmut Weiß
S. 17, S. 93: Mit freundlicher Genehmigung der Kunstsammlungen der Veste Coburg; S. 21, S. 39, S. 61, S. 89, S. 101, S. 117, S. 139, S. 145: Mit freundlicher Genehmigung der Bayerischen Schlösserverwaltung, www.schloesser.bayern.de; alle Bilder: Helmut Weiß

FSC www.fsc.org
MIX
Papier aus verantwortungsvollen Quellen
FSC® C011279

Druck und Bindung: LUC GmbH, Greven
ISBN 978-3-7700-2310-3

www.droste-verlag.de